你知道嗎？

閱讀6招讓你更聰明

This Will Make You Smarter

楊寒——著

〈推薦序〉
喜歡閱讀的生命必須飛舞：楊寒及其更聰明的閱讀法

國立虎尾科大通識中心副教授　王文仁

擅於各類文學創作的楊寒出版了他的新作《閱讀6招，讓你更聰明》，分享他一連串對於閱讀方法的思考，以及多年來摸索的成果。初次看到這個書名，讓人直接想到閱讀經典書籍《如何閱讀一本書》。一九四〇年，美國哲學家莫蒂默・傑爾姆・阿德勒完成了這本書，一九七二年經過與查爾斯・范多倫共同修訂後，成為流傳數十年而不衰的代表作。該書中，閱讀分成了「基礎閱讀」、「檢視閱讀」、「分析閱讀」、「主題閱讀」四個層次，指導閱讀者如何透過閱讀增進閱讀力。在某種程度上，楊寒的這本新作絲毫不遜色於此部經典，或者我們可以說，它其實是華人世界的《如何閱讀一本書》。

《閱讀6招，讓你更聰明》一書在結構上，分成「閱讀態度」、「讀書策略」、「邏輯閱讀法」、「情境閱讀法」、「閱讀習慣」等五大主題。在裡頭貫穿首尾的，是作者反覆強調的閱讀的好處。這種好處包括「有用之用」與「無用之用」，也就是知識性的攝取或內在生命的提升。他認為，閱讀能夠帶來的收穫遠超乎我們的想像，廣泛涉獵不同領域的書籍，是生命中相當重要的一個功課，所以我們得早早確立下積極的閱讀態度與習慣。真正開始閱讀後，還得講究整體的策略，也就是決定要讀哪一些書籍？要精讀還是略讀？讀完之後可以有什麼樣的收穫等等。對楊寒來說，閱讀擬定策略就像玩電玩遊戲，總要有一些指導原則，才能幫助我們在每場戰役中都能獲得勝利。書中他提供了一些重要的策略，相當值得我們的參考。

有了大方向的策略後，閱讀還得進一步地講究方法。書中他提供了兩種重要的閱讀法：「邏輯閱讀法」與「情境閱讀法」。前者講究的是瞭解架構與因果關係，透過脈絡式的閱讀，掌握部分與整體的關係，並理解書中想要表述的重點。後者強調透過想像，進行相關情境的連結，讓自己能夠與作品的情節或者共感。「邏輯閱讀法」相當適合用在學理性的閱讀上，舉凡一般重視邏輯的學科，或是學術論文的訓練，都需要仰賴這樣的能力。「情境閱讀法」相較之下適合用在文學作品的閱讀，尤其是小說，如果我們讀《哈利波特》時能將想像自己具有魔法，讀《倚天屠龍記》能假設自己是張無忌，肯定能夠更體會這些作品所想要表現的內容。

與坊間一般的閱讀指導相比，楊寒的這本作品通篇採用設問的方式進行，搭配精采的圖表以及詼諧有趣的文字；更重要的是，他既在大學教授相關文學課程，又有大量閱讀的習慣，因此能夠透過自己親身的經歷，點出閱讀時會遭遇的種種困題，再一一提出精闢的解答。一如他在本書的末尾提醒我們的，一個人的人生中總得自己安排一些值得閱讀的書籍；換言之，閱讀這件事情除了主動還得找到對胃口的書籍才行。對筆者而言，人生中總有幾本書籍是永遠讀不膩的，而不同的階段把它們找出來閱讀，往往會有新的深刻體會。如果你已經找到這樣的書籍，那麼恭喜你；如果還沒找到，那不妨讀讀楊寒這本書後，再努力去尋找。因為，只有真正懂得閱讀的樂趣與精采的人，生命才會開始飛舞。

自序

有些人天生就不擅長閱讀！

有些人天生就不擅長閱讀——

我說，我啦！我就是天生不擅長閱讀！

我最討厭讀書了，所以高中功課很差，後來靠著稍微會寫作文而考上了大學。

記得畢業後有次回到高中母校，一個不認識的學妹聽到我的名字，發亮的眼睛直指著我說：

「你就是那個不會唸書，但靠著會寫文章考上大學的人！」

大概真的是這個樣子。

我得承認我稍微有閱讀障礙，看到密密麻麻的文字就彷彿聽到眼睛裡頭的水晶體或視網膜在叫痛！

不過讀了博士班，在學業壓力所迫，開始背著裝滿書籍的背包往返圖書館和住處的閱讀之旅。

啊！對了——在這之前也讀了不少讀書方法、速讀之類的書，最後終於讓我找到「即使不擅長讀書的人」也能夠喜歡而且熟悉閱讀的方法。我把親身體驗與心得都寫進了這本書裡！

每個人都知道「閱讀」對自己很重要，卻很難喜歡閱讀密密麻麻的文字。但書海浩瀚，以國家圖書館為例，有三百多萬冊的藏書。即使再怎麼不喜歡閱讀的人，在這三百萬冊的藏書裡至少可以找到一本自己可以鍾愛一輩子的書吧？不，也許可以找到兩本、三本……其實我猜想在這三百萬冊的書籍當中，找到一千本自己願意花時間讀的書也不困難，然而……

怎麼挑選自己喜歡的書來讀？

閱讀什麼書籍對自己有幫助？

沒有時間讀書怎麼辦？

沒心情閱讀怎麼辦？

怎麼培養閱讀習慣？

有沒有超有效率、超快速又超輕鬆的讀書方法？

我想我這個天生不擅長閱讀的人，在歷經千辛萬苦的「閱讀挫折」中，終於找到了超級輕鬆的閱讀方法。

希望這套「超級輕鬆閱讀法」，能幫忙跟我一樣天生不擅長閱讀的人，讓我們一起變得更好、更聰明！

2015/1/10 於台中清水

目錄

推薦序　喜歡閱讀的生命必須飛舞：楊寒及其更聰明的閱讀法　王文仁　003

自　序　有些人天生就不擅長閱讀！　006

閱讀第1招：確立態度　015

1-1 閱讀有什麼用？建立自己的「書用途觀念」　017

1-2 如何喜歡上閱讀？寫下「不喜歡閱讀」和「可以喜歡上或需要閱讀」的因素　022

1-3 如何會想讀一本書？發現閱讀的動機與趣味　028

1-4 很想看書，但沒時間？找出空閒時間，集中精神、快速地讀一本書　032

1-5 閱讀與上網，誰比較重要？學校、網路和閱讀書本的優缺點　039

1-6 如何養成更積極的閱讀心態？給自己一個「心靈暗示」　042

1-7 閱讀興趣低落怎麼辦？設立目標，利誘自己 046
1-8 讀過的書何時會派上用場？在記憶倉庫裡收藏工具 051

閱讀第2招：瞭解策略 055

2-1 如何挑選一本書？選書的技巧 057
2-2 很久才能讀完一本書？由「目的」來決定閱讀速度 062
2-3 你可以再看快一點！學會了走路就要開始學跑步呀！ 066
2-4 你可以再看慢一點！調整（降低）閱讀速度的技巧 069
2-5 從簡單、有趣、入門的書籍開始！「循序漸進」到「廣博」、「深入」的閱讀 074
2-6 想看卻看不懂怎麼辦？看不懂時，請重複閱讀 079
2-7 用「不甘心讀不懂」的態度讀書：別人可以的，我也可以 083
2-8 讀完一本書，就跟它說拜拜？閱讀完一本書之後，請問自己三個問題 085
2-9 書讀一遍就夠了？先「略讀」再「精讀」 089

2-10 閱讀可以像玩電腦遊戲一樣嗎？電腦遊戲式的讀書記錄 094

閱讀第3招：邏輯閱讀法 099

3-1 兩種閱讀方法：「邏輯閱讀法」與「情境閱讀法」 101
3-2 「邏輯思維」的閱讀：快速瀏覽，歸納重點 103
3-3 邏輯思維的「關鍵字」閱讀法：快速閱讀、理解文意並提升記憶力 106
3-4 如何掌握一本書的思想理路？注意「結構脈絡」的閱讀 111
3-5 思考、論述的關鍵在哪裡？「邏輯思維」的因果式閱讀 114
3-6 知道整本書的主旨往往是不夠的！用「分段式主旨分析」來閱讀 118
3-7 大家來找碴？有「問題意識」的閱讀 121
3-8 不考試也要做筆記？輕鬆愉快的筆記方式 125
3-9 每次都像在讀一本新書：不在書上畫重點的好處 128
3-10 盡信書不如無書？進階閱讀：批判和質疑 130

閱讀第4招：情境閱讀法 135

4-1 為什麼要讀小說？小說也能比勵志書有用 137
4-2 過目即忘與永遠記得：故事，幫助我們加深閱讀記憶 141
4-3 只喜歡圖像，不喜歡文字？把文字當成風景 144
4-4 文字能轉換為畫面？想像情境的閱讀 147
4-5 閱讀可以很立體？從「文字」到「畫面」的情境閱讀 150
4-6 如何和作者產生關聯？反覆「感性閱讀」，和作者一起思考 155
4-7 如何體會作者的想法與感受？「情境閱讀法」的作者想像 157
4-8 想像你所想像不到的事情！「情境閱讀」的超現實想像 160
4-9 讀完書卻馬上忘光光？搭配「邏輯關鍵字」恢復記憶線索 163

閱讀第5招：養成習慣 167

5-1 什麼時候閱讀？隨身攜帶一本書 169

5-2 閱讀可以是沒有目的的旅行：撇開目的性的閱讀習慣 172
5-3 閱讀一定要有用嗎？沒有用處的閱讀其實也很有用 175
5-4 為什麼要讀文學？把閱讀文學當休閒娛樂 178
5-5 為什麼要讀哲學？哲學能解開人生的疑惑 180
5-6 沒有閱讀的氛圍？多營造接觸到書的機會 182
5-7 運動要有規律，閱讀也是！規律閱讀令人感覺每天在進步 185
5-8 如何擬定書單？閱讀的短期、中期和長期目標 188

閱讀第6招：排除迷思

193
6-1 一本書可以讀幾遍？好書可以多讀幾遍！ 195
6-2 書有分好和壞？別帶著偏見閱讀 198
6-3 我只想讀這本書：世上還有更多好書、好作者 200
6-4 在哪裡接觸書籍？圖書館、實體書店和網路書店 203

6-5 什麼時候該買書？我的三個買書策略 206
6-6 什麼時候該借書？良好的四個借書策略 209
6-7 需不需要組讀書會？一個人讀還是和朋友討論？ 213
6-8 書本至上？別怕弄髒自己的書本 216
結語：下定決心讓自己更好 219

閱讀第 1 招

確立態度

讀這一章可以瞭解……

閱讀有什麼用？
如何喜歡上閱讀？
如何會想讀一本書？
很想看書，但沒時間？
閱讀與上網，誰比較重要？
如何養成更積極的閱讀心態？
閱讀興趣低落怎麼辦？
讀過的書何時會派上用場？

1-1 閱讀有什麼用？

建立自己的「書用途觀念」

有些人會問：閱讀有什麼用？

若不知道閱讀有什麼用處，就可能會想放棄培養閱讀習慣。

但是，「閱讀」是自己的事，藉由閱讀獲得的思考及學問是不是對自己有幫助，大概只有自己最清楚。

因此，「閱讀的用處」只能靠自己去思索。

閱讀和有用是兩回事

不過「閱讀」和「有用」是兩回事。

舉例來說，從前我很想減肥，買了一本減肥塑身的書，我可能讀了好幾遍，只差沒把這本書寫成學術論文在研討會上發表，但就算我寫成論文發表了……這本書對我來說，還是沒有發揮到減肥的用處呢！

所以仔細地「閱讀」一本書後，能否從這本書獲得到「效用」，得看我們對於實踐這本書內容的決心。

而言情小說呢，非寫實性的言情小說就沒什麼用處了嗎？

這些書能娛樂和激發情感，也可能讓我們瞭解愛情的細微處，只是人生不完全像小說的情節。又例如減肥塑身書，因每個人的體質和生活環境不同，有的人可能因為慢性病或飲食無法完全依照書籍的建議去做，那麼就得思考，到底這本書的哪一部分內容最適合自己。

建立書用途觀念

我想提出的是「建立自己的**書用途**觀念」，由自己來告訴自己，讀這本書、讀那本書有什麼用？

想像著如果我拿著一本書（或教科書）去問我的學生說：「嘿，告訴我讀這本書有什麼用？」

很可能立刻就會獲得「考試可能會考」、「應該很有用」、「沒有用」之類的答案。但這樣不經思考而立即獲得的答案，不是最好的答案。

當我們想要一本書或者在書店裡選擇是不是購買這本書的時候，我們或許有預期讀了這本書以後有什麼用。

對於一本書的用途，大致可以歸類為五大項：

1. 休閒娛樂
2. 豐富思想
3. 增廣見聞
4. 生活需求
5. 增加專業技能

選擇閱讀某本書的時候，可以從這五項用途來判斷讀這本書對我們「有什麼用？」。其實判斷一本書的用途，也就是「作者寫這本書目的」。所以呢，可以從「序」或「後記」裡頭找到「作者寫這本書目的」的相關線索，進而去判斷「這本書的詳細功用」。

選書的三階段目標

我們選擇閱讀一本書的「書用途觀念」可以分為三個階段目標：

1. 瞭解作者寫這本書的目的
2. 預期我讀這本書能達到的效果
3. 短期內讀完這本書之後的收穫

前面兩個階段是幫助我們判斷是不是應該讀這本書？應該要花多少時間和精神

閱讀這本書？要詳細閱讀還是略讀？需不需要一邊閱讀一邊做筆記？

第三個階段則是檢視自己讀完這本書的收穫，是不是真的如預期達到「閱讀這本書的效果」。

1-2 如何喜歡上閱讀？

寫下「不喜歡閱讀」和「可以喜歡上或需要閱讀」的因素

大部分的人即使知道「閱讀的好處」，卻無論如何都不喜歡讀「字很多的書」。我從前也是這個樣子，稍微看幾行字就有點膩了，然後漫畫、電視或網路就像誘惑的惡魔對著我們招手，要我們放下書本。

倘若真的想好好讀書，就要找出讓自己「決定閱讀的因素」並排除「不想閱讀的因素」，像福爾摩斯說的：

「當你排除了一切不可能的因素之後，剩下來的結論，儘管多麼不可能，也必定是真實的。」

只要我們想辦法排除掉一切關於閱讀「不可能的因素」，再進一步找到「可以喜歡上或需要閱讀的因素」，就可以養成良好的閱讀習慣了。

舉例來說，「不喜歡閱讀」或「沒辦法閱讀」的因素大致如下：

1. 沒有時間閱讀
2. 沒有適合讀書的環境
3. 書本的字太多
4. 不知道怎麼挑選適合自己的書
5. 不知道讀書的用處

也許還有其他的因素，但每個人「無法閱讀」的因素不同，即使因素是一樣的，排除此因素的方法也會因人而異。我們可以把這些因素寫下來，然後思考怎麼去克服。例如：「覺得書本字太多」，可以從比較淺顯的書開始努力。然後，我們也可以另外寫下「可以喜歡上或需要閱讀」的因素：

喜歡上或需要閱讀的因素

1. 可以考上ＸＸ學校或證照（正面因素）
2. 老闆逼的……（反面因素）
3. 情人覺得這本書我一定要看（反面因素）
4. 我想要研究這類型書籍的內容（正面因素）
5. 別人說這本書很有趣，但我覺得……（反面因素）
6. 想要讓自己更有學問（正面因素）
7. 想要減肥、想要懂得人際相處、想要種花……（正面因素）
8. 可以更有氣質（正面因素）

如果寫在紙條上「正面因素」比「反面因素」多，或者可以想辦法排除掉「反面的因素」，相信能夠幫助我們開始「喜歡閱讀」，培養起閱讀的良好習慣。

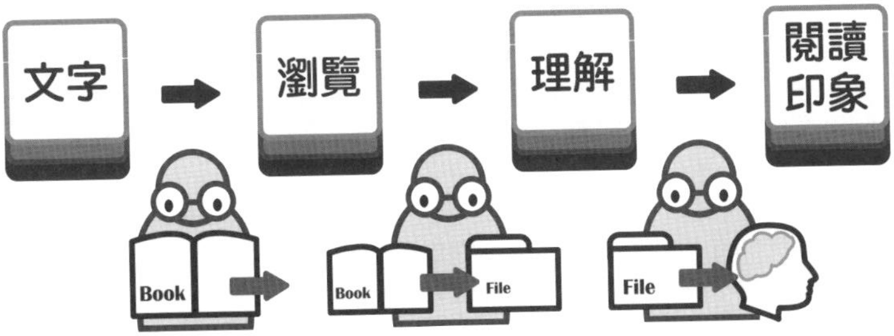

把「文字」轉化成「閱讀印象」

從閱讀障礙到享受閱讀的快樂

其實，我也曾經很討厭讀書。試想一本兩百頁的書籍大約五萬字，如果這個數目是鈔票就好了……但如果是必須要閱讀的文字就讓人覺得很痛苦。

對於不擅閱讀的人來說，閱讀的過程其實很辛苦，得先把抽象的文字經過理解轉化成對我們有意義的概念或閱讀印象，可以用上圖表示。

我讀博士班時遇到一個非常嚴格的指導教授，她要求我博士論文的主題可以從現象學入手（後來我畢業時，她已經忘記這件事了）。

現象學啊……我根本不懂哲學，校內除了「中國哲學」以外，也沒開其他西方哲學相關課程。

我就開始逼迫自己好好讀書，把學校圖書館裡所有西方哲學的書讀了好幾遍。是啦！就是這樣，努力讀、拚命讀，多少可以讀進去一點東西。

讀書，可以熟能生巧

舉例來說，幾年前我想閱讀村上春樹的《1Q84》，共三大冊，那三本書好厚而且有點貴，我也怕讀不完，所以遲遲不肯下手購買。

但有一天我終於買啦！

《1Q84》是非常棒而且有趣的書，我熬夜花了兩天讀完。

差不多就是那時候，我開始每天閱讀一本以上的書，如此持續著我的閱讀生活。

三、四年後的某天晚上七點左右，我再度拿起三冊《1Q84》重新閱讀。咦，我快看完第三冊的時候，才晚上十一點多……

閱讀是可以熟能生巧的事。即使一開始很笨拙，怎麼都讀不下去……就像我讀博士班努力啃西洋哲學書那樣，但只要保持著閱讀習慣，不需要去學速讀，閱讀速度和吸收能力自然就會變快。

這有點類似玩電腦遊戲，一開始玩會覺得有點難，怎麼都很難破關，但到後來幾乎不用思考就能突破難關，如果一開始覺得電腦遊戲太難而放棄了，那就永遠沒辦法享受到玩電腦遊戲的樂趣。同樣的，如果因為閱讀很辛苦，或是覺得自己是個有閱讀障礙、不適合讀書的人就放棄去培養閱讀習慣，那就永遠沒辦法享受藉由「閱讀」累積知識、增加智慧的生活趣味了。

1-3 如何會想讀一本書？

發現閱讀的動機與趣味

我記得有次一個人到花蓮去旅行，晚上無聊得不知道做什麼好，於是跑到電影院去看電影。那是由奇幻小說《波西傑克森》改編的影片，因為是非假日的關係，電影院裡冷冷清清，空蕩蕩的放映廳裡只有五個觀眾，大家沉默地像正準備參加喪禮。

不過電影快開始的時候，有六個國中小男生一面走進來一面興奮地討論書本的內容以及希望看到的情節。

看完電影後，我特別注意到他們仍然在討論電影和書本的差異，以及每一本雷克．萊爾頓所寫的《波西傑克森》及續作《混血營英雄》的故事情節。

從他們的談話內容，可以知道這些小孩都看完了全套的小說，而且反覆看了好幾遍！

在我讀完《波西傑克森》第一集以後，也覺得這是一套好書，但我想先讀其他作家的書。歸根究柢是因為我並沒有特別想立刻讀完雷克．萊爾頓作品的動機。

讀一本書，動機很重要

例如中學生為什麼會在搖晃的通勤電車上努力讀《國文》課本、《基本電學》或《空中英語教室》雜誌？動機是為了學得知識或者是考上好學校。

上班族閱讀《如何在職場上交朋友？》之類的書，是為了能在工作上表現得更出色、挖掘更多人脈。

而那群國中生孩子會把厚厚的好幾本《波西傑克森》反覆讀熟，是因閱讀那些書非常有趣，獲得閱讀的快樂是他們閱讀《波西傑克森》的動機。

想要專注而且有效率地看完一本書，「閱讀這本書」的動機很重要。

以實際利益的目的，例如「考上好學校」、「職場生存」、「變得更苗條」都可能是我們閱讀某本書的動機，而動機會讓我們無論在什麼不適合讀書的環境（例如拉著電車吊環準備回家時）也能閱讀。

用「趣味」來讀書

有人問英國登山家喬治·馬洛里為什麼一直要爬山，他說：「因為山在那裡。」

我在學生時代曾參加過登山社，爬山真是一件有趣的事……慢慢走過崎嶇的碎石路、潮濕的森林地、陰暗的箭竹林，或者踏過整面風化碎裂的傾斜山壁，沿著山的陵線看腳底下如綠色水波的山巒起伏。

因為山上沒有光害的緣故，夜晚不但可以看到遠方腳底下的城市燈光，也能夠看到滿天繁星。

登山是有趣的事情，能在流汗之後看見美麗的風景。

同樣讀書也可以是件有趣的事。當有人問我們為什麼要讀書的時候，我們可以說，因為考試需要、因為我想減肥所以研究塑身書、因為工作需要……但我們也可以學習馬洛里的回答：「因為書在那裡。」

當我們瀏覽著書本上的文字時，就像站在山上觀看美好的風景。中國古代文學理論家劉勰《文心雕龍》〈神思篇〉描寫作者寫作的時候：「寂然凝慮，思接千載；悄焉動容，視通萬里。」這段文字描述作者凝思時，思慮可以連結數千年，想像可以綿延數萬里的時空。

讀者透過閱讀，可以看到作者描述的數千年、數萬里的景色。這不是很棒嗎？登山的趣味，在於辛苦一段路程之後能看到平常見不到的美好風景。閱讀艱澀或較不容易讀的書籍就像登高山一樣，可以看見平常爬郊山看不到的景色。

如果也能夠在書本中找到趣味，我想任何人也能養成隨時都想閱讀的好習慣！

1-4 很想看書，但沒有時間？

找出空閒時間，集中精神、快速地讀一本書

不論是我在大學校園裡遇到的學生或者身邊的朋友，甚至網路上認識的人，談起讀書這件事都會說，「我沒時間讀書，平常上班（上課）就夠忙了，哪有空讀其他的書呢？」

大多數的人都明明知道「閱讀」是一件好事，就是很難提起精神來做。

每個人應該多多少少可以在一天當中擠出些許時間來讀書，一天當中扣除正常工作、上學的時間外，自己能控制、調配的時間還是很多！那些時間我們大致上會用來：

看電視

逛街
上網
玩手機
玩電腦遊戲
和家人、朋友聊天
吃飯
洗衣服
打掃、整理房間
睡覺

只要在這些時間裡頭各節省出一點時間出來，每個人一天應該可以找到半個小時或更多時間來做「閱讀」的時間。

特別是日子過得忙碌的人，因為可以「閱讀用」的時間不太多，所以想要充分利用時間讀書時，非得集中精神、專注在書本上才行。

幫自己切換到「閱讀模式」

好不容易擠出了一段「閱讀時間」之後，可以用手機或手錶設定鬧鈴時間，或許設定「半小時」或「一小時」，然後把自己關在房間裡，這個時候除了讀書之外，不要做任何事，不接電話、不和任何人聊天、不上網……完全只專注在書本上。

在閱讀時間裡，一開始要求自己「把房門鎖起來」、「手機開飛航模式」、「電腦關掉或離線」非常重要，雖然這只是一個形式，房門鎖起來了自己可以打開、手機也可以隨時恢復連線狀態……但這樣可以明確表達「我現在真的要專心讀書」的決心。

每天空出五分鐘讀書

閱讀習慣需要「持之以恆」，每天即使空出五分鐘來閱讀也好。時間可以自己掌握的。像我今天晚餐煮鯖魚義大利麵，義大利麵條約七到十分鐘才會熟，我稍微切了些辣椒、洗了青菜，差不多有五到七分鐘左右得站在廚房裡等著麵條煮熟。

這時候就是我的看書時間了。

若我的晚餐只是泡麵，等待泡麵熟透的那三分鐘，不也是時間嗎？讀書這件事不能夠太勉強，一開始不必花費太多時間閱讀，不然很快就會覺得痛苦而厭倦的。

這讓我就想起從前我為了練習長跑而買了一本指導如何跑馬拉松的書，這本書教導讀者得循序漸進，一開始不能跑太長的距離，得控制時間。

我想閱讀也是一樣，如果剛開始想要培養閱讀習慣時就下定決心，晚上不看電視、不玩電腦也不玩手機，把所有時間都拿來讀書，呃，很遺憾，這應該是做不到的，大概兩天就會受不了，於是又開始坐在電視機前面打開電視……

所以呢，我們可以先擬訂計畫，每天只花五分鐘來讀書就好了。

每天五分鐘，我們應該有信心了，頂多比泡泡麵的時間長一點點，只是學校下課時間十分鐘的一半。學生利用下課時間讀一本有趣的書，還有五分鐘時間可以閒聊或上廁所。

每天五分鐘，一年能讀二十四本書

即使有閱讀障礙的人應該也能每天讀五分鐘的書吧？

但問題來了，五分鐘究竟能讀多少書呢？

其實不少耶，假設我們每秒鐘讀十個字，五分鐘（三百秒）可以讀多少字呢？

一秒閱讀十個字

六十秒（一分鐘）閱讀六百個字

三百秒（五分鐘）閱讀三千個字

簡單地計算後得知，我們一天可以讀三千字的文章，十天就能讀三萬字，差不多半個月就能讀完一本五萬字左右的書。

半個月閱讀一本書，一年可以讀二十四本書喔！

只要每天五分鐘，一年可以讀完二十四本書，這是誰也能輕易做到的事情。而一年讀完了二十四本書，我想我們多少比沒有讀書的人更懂得思考、有更多見識、更有想像力。

不過重點是「持之以恆」，真的願意每天花五分鐘的時間來讀書。

當然，我們用「每天五分鐘」的讀書策略時，即使對閱讀開始有興趣了，也別馬上增加時間。倘若覺得讀書有趣，五分鐘實在太短了，立刻增加到一小時，對於平常不讀書的人來說會受不了，很快就會覺得消化不良。

因此採用「每天五分鐘」閱讀策略的人，還是嚴格利用智慧型手機或手錶的計時功能，確認自己真的每天只用五分鐘讀書，循序漸進、慢慢拉長閱讀時間會比較好。

例如：

第一個禮拜（每天五分鐘）

第二個禮拜（每天十分鐘）

第三個禮拜（每天十五分鐘）

第四個禮拜（每天二十分鐘）

當然，對於到第二個禮拜仍未放棄閱讀習慣的人，十分鐘的閱讀量實在是太少了。但這份「閱讀飢渴」會是我們維持閱讀習慣的動力。

而且，重點不是每天增加讀書時間，因為每天只要讀五分鐘的書，一年就有二十四本的閱讀量，這已經夠棒了！

能夠保持閱讀的習慣，這才是最重要的事。

1-5 閱讀與上網，誰比較重要？

學校、網路和閱讀書本的優缺點

讀書很重要，但我不是那種認為書本知識遠比網路資訊重要的古板傢伙。善用 Google 或其他搜尋引擎，可以讓我們很方便找到需要的資料。所以到現在網路便捷的時代，有時我上課的時候也會叫學生把手機拿起來，「嘿，來 Google 一下柳宗元的資料吧？來 Google《易經》的資料吧？介紹大家一個關於《易經》不錯的網站……」

網路上搜尋到的知識，比起學校上課學習到的知識或自己讀書獲得的知識仍然有差異，我們可以從下頁圖表來分析。

學校提供的知識優點在於「全面而嚴謹」。網路提供的資訊則多元而方便，但缺乏正式嚴謹的編輯，資訊在正確性與系統上有待商榷。

資訊來源	知識提供者，設計者	優點	缺點
學校	教育官員、 學有專精的教授	1. 知識全面而系統 2. 循序漸進 3. 傳授學生應該掌握的基本知識	1. 受限於學制，無法充分自由選擇想要學習的學問 2. 課程教授有固定進度，無法依照每個人的學習情況或需要安排教學進度
書本	作者、 編輯、 出版社	1. 知識有系統 2. 書本內容經過出版社汰選、編輯 3. 由讀者自由決定選擇閱讀、吸收	1. 無法從一本書中獲得全面、循序漸進的學問 2. 讀者不知如何挑選適當的書
網路	任何人	1. 方便，隨時可利用網路搜尋 2. 資訊豐富、多元	1. 大多數資料沒有經過正式、嚴謹的單位編輯、汰選，可能有錯誤 2. 資料不夠全面或專業

而書本做為知識的來源，有著學校課程之外的自由度，我們可以自由選擇書籍閱讀，也能依據自己的情況安排閱讀進度，內容主題比網路資訊更嚴謹、更完整。

在我們離開學校教育以後，多讀書可以讓我們好好掌握知識很重要的管道！資訊，不能光依賴網路而已。

1-6 如何養成更積極的閱讀心態？

給自己一個「心靈暗示」

因為聯繫文藝營活動工作而認識一位高中生，我們偶爾會在網路上聊天，有一次她問我：「老師，我有時都沒辦法提起精神好好讀書，擔心這樣下去大學會考不好，怎麼辦？你有什麼好方法嗎？」

一開始我半開玩笑地回應，我是領有國際證照的催眠師（我有NGH和AAH的催眠師證照），我可以幫妳催眠讓妳用功讀書……

當然啦，「用功讀書」這種事並不需要催眠也能做到，有明確的目的和動機，例如明天要考數學……一般人今晚可能無論如何都會好好用功一下。

有時即使有明確的讀書目的和動機，例如明年要考大學考試或研究所考試，卻還是會花很多時間上網、看電視、出去玩，或者編織毛線圍巾或烹飪好吃的東西……總之，就是很難把心思用在讀書上。

已經有了讀書的「明確目的」和「動機」卻提不起幹勁，仍沒辦法把心思用在讀書上，用「催眠」多少會有點幫助，當然不是真的去找催眠師下催眠指令，而是「自我催眠」。

給自己一個閱讀的「心靈暗示」，改變自己對讀書學習的心態。

大家都知道孔子非常好學，他讀書讀到「韋編三絕」，自言學習的心態是「學如不及，猶恐失之」。他想像「學習」這件事就像在追趕東西，總是怕追不上，追上了又害怕失去。

這種「追趕、害怕失去」的心態，就是孔子自己對學習、閱讀的心靈暗示。

我們當然也可以借鏡做為自己學習上的「心靈暗示」，甚至也能夠想像身後有一頭老虎、獅子或拿棍子的學校老師正在追趕我們，如果不好好讀書的話，對方就追上我們了。

就算沒有這樣豐富的想像力也沒有關係，那麼就在心底對自己下一個制約：

坐在書桌前面，就想像被下命令要讀半小時的書。

我得到一種看到書本就一定要讀二十分鐘才放下的病，如果讀不到二十分鐘這本書就會一直黏在手上。

想像力可以幫我們找到屬於自己的「心靈暗示」，讓我們能夠改變讀書的心態，提起幹勁好好讀書。

至於那個打算考北部國立大學的高中女生，我詢問過她在學校的成績，差不多可能考上她的理想學校。也許就是這樣，所以才沒什麼想積極讀書的幹勁吧？

所以我問她，想像自己目前的成績考大學還差二十級分，那她會不會緊張？

她說會。

我說，那就這樣想像吧。用這樣的「心靈暗示」營造緊張感，讓自己為了那二十級分的差距好好積極地努力唸書呀！

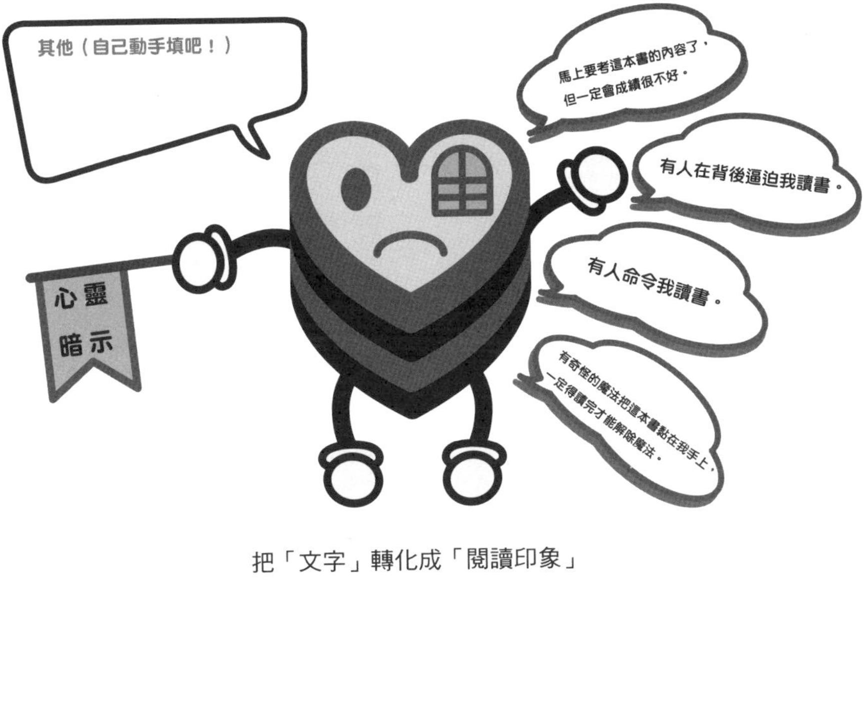
其他（自己動手填吧！）
馬上要考這本書的內容了，但一定會成績很不好。
有人在背後逼迫我讀書。
有人命令我讀書。
有奇怪的魔法把這本書黏在我手上，一定得讀完才能解除魔法。
心靈暗示

把「文字」轉化成「閱讀印象」

1-7 閱讀興趣低落怎麼辦？

設立目標，利誘自己

在我還是高中生必須住在學校宿舍的時候，每天晚上有三、四個小時的自習課。舍監會不定時巡邏，檢查住宿生是不是有用功讀書，在自習課的時候，除了讀書之外，不准做別的事情。

舍監大人會走進寢室，檢查學生是不是有用功讀書。

在那休閒娛樂都被禁絕的苦悶時段，住校的我們比較能做的休閒活動大概就是「閱讀課外讀物」了。

雖然我想「閱讀課外讀物」大概也在舍監不允許的範圍內，例如漫畫或週刊雜誌明顯會被沒收，但其他「字很多的書」，舍監大人就沒辦法一一檢查是不是課外書。

因此，閱讀小說、勵志書就成了我們當年很重要的休閒活動。

閱讀可以是一項休閒娛樂活動，可以讓我們有「呀呼，讀書真的很快樂！」的想法。

不過對於現代人來說，可以當作休閒娛樂的活動實在太多了，電視、音樂、電影、電腦遊戲、手機、逛街、打球、跑步……實在沒必要特別選擇「閱讀」做為培養的嗜好。

想要培養閱讀習慣，最好是在各種休閒娛樂活動中「正確地」選擇「閱讀」為嗜好。

這有點困難，因為讀書真的不像打電動、看電影那麼有趣，有些考試用書甚至讓我們覺得枯燥無聊、令人生厭，這時就得利誘自己啦！

例如高中補習班老師會對學生說：

「好好讀書，考上好的大學，就任你玩四年啦！」

又例如準備考證照或資格考試的考生，會幻想著明年考試上榜後可以放輕鬆、開心地去做某些事情。

這都是利誘自己的方式，設定一個美好的長期目標來督促自己閱讀。這也是閱讀本來的目的，**讓我們吸收知識，成為更好的人，成就更好的生活**。

除此之外，也可以設定短期目標。

像我讀博士班時得靠自己弄懂西方哲學理論、現象學，那時只能自己一個人非常苦悶地不斷閱讀哲學書籍。

孔子研究學問時「發憤忘食，樂以忘憂」，我這個愛吃鬼剛好與孔子這位老先生相反，我會鼓勵自己，讀完了這本哲學書才可以好好地去吃一頓飯、去買個香雞排……不然今天晚上就別吃飯了！或者要求自己讀書讀到某個段落才准許吃零食、喝可樂。

用小小的事物來鼓舞或制約自己讀書，這也是培養閱讀興趣的一種方式。

所以無論如何都想讀完一本書的時候，我們可以問自己兩個問題：

1. 讀完這本書，可以給我帶來什麼好處？

2. 讀完這本書，可以給自己什麼樣的獎勵？

無論如何都無法提起讀書的興趣，卻又希望自己能夠好好讀書的時候，不妨試著利誘自己達成目標。

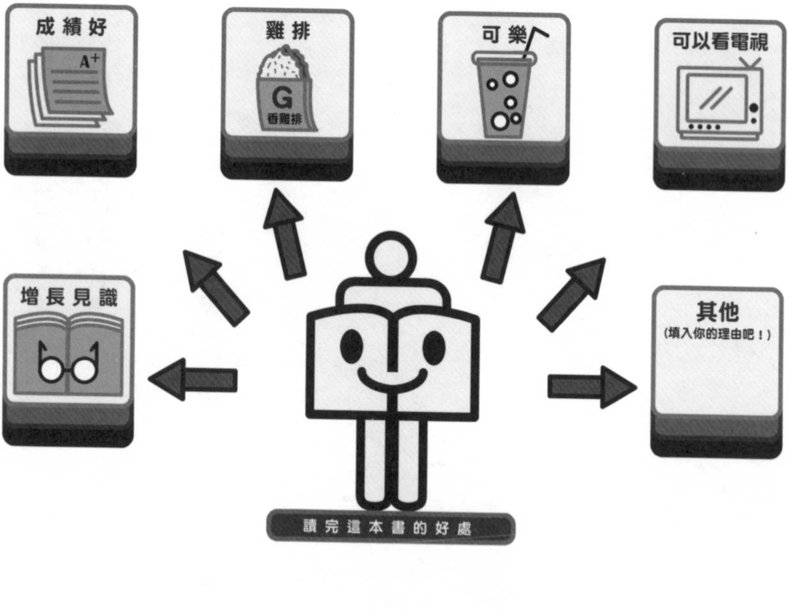
成績好
A+
雞排
G
香雞排
可樂
可以看電視
增長見識
其他
(填入你的理由吧！)
讀完這本書的好處

1-8 讀過的書何時會派上用場？

在記憶倉庫裡收藏工具

說起讀書，很多人會想到「書中自有黃金屋」這句話，而我們也經常說「知識就是財富」。當然在過去，努力讀書可以經由科舉得到功名財富。但現在想要把「閱讀獲得的知識」轉化為「財富」，還有一大段需要人為努力的過程。在此暫且別談如何用閱讀得來的知識創造出財富或黃金屋。

但我們可以說，知識就像是腦袋的工具。**閱讀就像是在我們記憶倉庫裡不斷存放各種以後可能會用得到的工具。**

說到這裡，我想起了村上春樹在《海邊的卡夫卡》裡有一段話：

中學課堂裡所教的知識和技術，我不太認為在現實生活中有什麼用處，真的。

老師們也幾乎都是不怎麼樣的傢伙，這點我知道。不過你聽清楚喔！你是要離家出走的。這樣一來，以後你可能就沒有機會再去學校了。所以教室裡所教的東西，不管你喜歡不喜歡都不要遺漏，不妨牢牢地記入腦袋裡好好地吸收起來。你只要變成一張吸墨紙，什麼要留什麼要丟，等以後再決定就行了。

以上引文告訴少年主角，盡可能把學校裡教的知識和技術記起來，雖然覺得那些東西可能沒什麼用處，但未來不知何時會派上用場可不知道，腦袋這種東西像吸墨紙，可以盡量地記住知識，以後確定沒有用時再「丟掉」也沒有關係。

這段話也可以讓我們延伸思考，盡可能地在空閒的時間多閱讀，因為往後我們會需要什麼知識或什麼技術，我們並不知道呀！

幸好我們的腦袋就像個無限收納的倉庫，即使閱讀再多的書籍都不會變重（也不會變笨），那麼就盡可能多讀一些書，不管哪一類的書，讓我們像「吸墨紙」那樣地閱讀。

「書到用時方恨少」。「閱讀」這件事，永遠都是不夠的，當然我們不可能讓自己時時刻刻像考生那樣努力而嚴肅，彷彿苦行、修練般的閱讀。

只要每天五分鐘或五分鐘以上的「輕鬆閱讀」，維持這樣的習慣，長久下來就會在腦袋倉庫裡堆滿往後說不定可以派上用場的「知識工具」了。

閱讀第 2 招
瞭解策略

讀這一章可以瞭解……

如何挑選一本書？
很久才能讀完一本書？
你可以再看快一點！
你可以再看慢一點！
從簡單、有趣、入門的書籍開始！
想看卻看不懂怎麼辦？
用「不甘心讀不懂」的態度讀書
讀完一本書，就跟它說拜拜？
書讀一遍就夠了？
閱讀可以像玩電腦遊戲一樣嗎？

2-1 如何挑選一本書？

選書的技巧

我讀碩士的時候，論文研究的主題是《詩經》。

記得當時修了一門必修課程，學期末需要口頭報告，那份報告我就引用了很多書目來說明《詩經》的某一個議題，然後覺得自己報告得還不錯哩！

不過當時開那門課的老師潑了我一桶冷水，他對我說：「唉，你引用的書都有問題，這些書對於『詩經研究』來說不是非常有公信力，這樣會讓你的研究思想偏差，你得去找指導教授，請他開書單給你，重新好好把相關書籍讀過再說……」

後來我並沒有去找我的指導教授請教書單，不過在多年以後，我也大致知道到底什麼書比較專業、什麼書對於「詩經研究」是比較有公信力、可靠度的資料。

我怎麼會知道哪些書比較好呢？關鍵的原因就是「多閱讀」。

「多閱讀」自然就懂得挑選什麼是好書，什麼是「可以信賴的書」。「多閱讀」是增加自己見識的方法。但選書還是稍微有一些技巧的，下列三點可以幫助我們判斷：

1. 出版社規模與專業

稍微在書店裡翻閱同一主題的書籍，很容易就能判別哪一本書比較適合自己、哪一本書比較專業。

甚至觀察是由哪家出版社出版的書籍也可以是評判的標準。出版過很多書籍的大型出版社的出書標準自然會稍微嚴謹，又或此出版社是否長期經營這個專業領域？也可以是我們考量要不要購買或閱讀這本書的原因。

2. 作者的經歷背景

舉例來說，想找園藝相關書籍，閱讀「作者簡介」可以知道作者是不是有「園藝盆栽」相關背景，是園藝系教授、花藝業者，或者著書立說數十年的專家，還是對園藝偶有興趣的文學作家隨手寫的東西。這也可以用來評斷這本書的專業度。

3. 尋找相關重要人士或專家作品

還可以稍微專業一點，從「引用」來發現更具可靠度的書籍。如果很多「園藝盆栽」主題的書都引用了某某專家的說法，代表這個專家在這方面可能是權威，我們或許可以去找這個專家的著作來讀。這樣的方式可以開拓我們的閱讀視野，也可以讓我們讀到更有權威、更具公信力的書。

※

除了以上三個方法外，我們拿起一本書時，也可先稍微問自己以下問題：

1. 這本書可能會給我知識或娛樂的收穫？
2. 我對這本書有多大的興趣？

3. 我可能讀得懂這本書嗎？

第一個問題是確定我們讀這本書是「有益的」，即使沒有特定目的。當我們對第一個問題抱持肯定態度（至少要有打發時間的娛樂效果），這本書就值得一讀。

第二個問題是評量我們讀這本書的動力。倘若非讀不可的書，例如村上迷對村上的新書那樣著迷，那當然有百分之百的動力，很可能熬夜把一本厚厚的小說讀完。如果連百分之十的興趣都沒有，那麼乾脆別讀了，因為這世界上可以讀的好書還很多。不過呢，如果還有超過百分之十的興趣，不妨試著讀讀看。

第三個問題則是……即使有很大的興趣，讀不懂也是浪費時間！例如把愛因斯坦的《相對論》丟給我看。能懂《相對論》好像是很酷的事，不過怎麼讀也讀不懂就不酷了。

如果因為興趣或特定目的而真的非得把這本書弄懂，就得先從其他類似範圍，但比較淺顯易懂的書開始讀，例如兒童版的相對論、漫畫相對論之類的書。不然就像當年大學一年級的我，怎麼也讀不懂結構主義和符號學哩！

別勉強自己閱讀完全看不懂或沒興趣的書，拿起一本新書之前，先仔細思考以上三個問題再下決定。

2-2 很久才能讀完一本書？

由「目的」來決定閱讀速度

雖然有朋友說我閱讀速度很快，其實我一直覺得自己有「閱讀障礙」。有障礙，就要拚命去克服。

怎麼克服呢？

就一頁一頁地讀下去……當然啦，讀書的方法很多，甚至圖書館裡也有很多教授讀書方法的書，有中國古代學者的讀書方法，例如注解、句逗、抄讀、筆記等等精讀古書的策略。當然這些可能不適用於一般人。至於比較現代的讀書方法則有略讀、精讀、筆記式閱讀，還有「速讀法」。

速讀的迷思

我學過各種速讀法，報名繳費上過兩種速讀課程，學了圖像式、記憶、邏輯式、聯想法……我的電腦硬碟裡還有以前學速讀時應用的速讀軟體。

然而速讀沒什麼特別的用處，勉強提高閱讀速度，就像搭高鐵快速旅行一樣，車窗外的風景看了是看了，卻只有很淺薄的印象。

如果不是擁有「瞬間記憶」才能的特殊人類或是可以輕鬆考上台大醫科的金頭腦，我猜若以速讀方式讀到大概第一千本書時，前面九百九十八本可能連書名都忘光光了。

我就是這樣。

我覺得閱讀不同的書籍內容需用不同的閱讀速度。

以我的經驗來說，讀漫畫的速度最快，讀週刊也可以很快，輕小說同樣可以輕鬆瀏覽。

不過，若是拿愛因斯坦的《相對論》或康德的《判斷力批評》來速讀，我想即

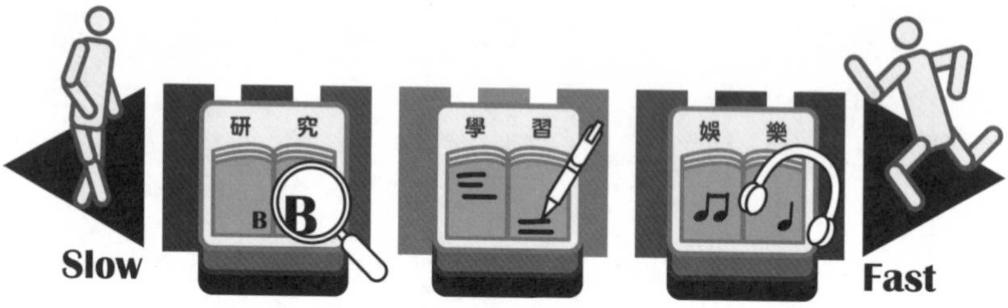

讀書的目的決定閱讀速度

使讀完了，也講不出所以然。

然而，決定讀書速度的**不是書本內容艱澀或簡單，而是目的**。

由目的決定閱讀速度

我們得從讀書的目的來決定讀書的速度快慢。

如果目的是為了娛樂或打發時間，例如看漫畫、看週刊雜誌，那隨便很快地看過去也無所謂。

另外就是只想「瀏覽風景」，確定這本書值不值得讀的時候，也可以採用「速讀」的方式（其實就是「略讀」的速讀法）。

但如果讀書的目的是為了在腦袋裡面累積知識，或是為了研究、提升專業能力。例如漫畫家讀漫畫，是為了學習畫更好的漫畫，那麼即使是漫畫書，他也得慢慢地閱讀才行。

所以閱讀時，得確認自己讀書的功用或目的，然後依照自己的目的來決定閱讀速度。

2-3 你可以再看快一點！

學會了走路就要開始學跑步呀！

有的人讀書很慢，不論讀什麼書都非常慢。其實大多數書讀得慢的原因不在於資質，而是讀書習慣的問題。

回想一下我們怎麼開始學讀書的？

大多數人是在國小的時候，因為老師教我們讀課本是一個字、一個字慢慢讀，確定了這個字的形狀以後，回想這個字所代表的意義，唔，懂了，下一個字是……這樣子讀下來，當然閱讀速度不會快囉！

現在試著來讀普魯斯特《追憶似水年華》。一個字、一個字慢慢讀會是：

在・很長・一段・時期・裡・我・都是・早早・就・躺下・了。有・時

> 候・蠟燭・才・滅，我的・眼皮・兒・隨即・闔上，都・來不及・咕噥・一句・我・要・睡著・了・半・小時・之後，我・才・想到・應該・睡覺・這・一想・我・反倒・清醒・過來。

這樣讀下來，小說一開頭本來很有趣的失眠情節是不是變得索然無味了？

我想一個字、一個字慢慢讀書的方式，應該在小學一、二年級以後就得擺脫掉了。就像小嬰兒學走路，一開始會用「學步機」，然後在父母或家中長輩照顧下一步一步慢慢學著走，等到長大了一些，走路就可以加快速度，甚至可以開始跑步啦！更厲害的跑步者還會參加超級馬拉松，去跑一百公里或跑到撒哈拉沙漠裡。

讀書也是這麼一回事，**學會了走路就要開始學著跑步呀！**

要從「一個字、一個字」讀，進步到「一整句話同時讀」：

> 在很長一段時期裡，我都是早早就躺下了。有時候，蠟燭才滅，我的眼皮兒隨

即闔上，都來不及咕噥一句：「我要睡著了。」半小時之後，我才想到應該睡覺；這一想，我反倒清醒過來。

然後是「兩、三句話同時讀」、「一整行同時讀」。當然所謂「一目十行」可能要有天分的人或讀內容極簡單的讀物才做得到。不過，就算是放棄了一字一字慢慢讀的習慣，我們依然可以很快理解一般簡單書籍的句子。

讀書讀得慢的人可以想想看，自己是不是還停留在一字一字慢慢讀的閱讀方式呢？不如試著一次多讀幾個字或一次讀一整句話。如果依然能理解文句中的意涵，那就可以再加快一點速度……

有人會覺得，一次讀那麼多字會記不起來。但仔細想想，倘若我們沒有天才記憶的頭腦，用慢慢讀也頂多對書本內容有印象，沒辦法記得整本書啊！而且一段一段快速讀也同樣能對一本書的內容有印象喔！就我的經驗來說，正常閱讀速度和快速閱讀速度所達到的記憶效果並沒有顯著的差別。

2-4

你可以再看慢一點！

調整（降低）閱讀速度的技巧

有些標榜教人速讀的補習班會鼓吹：現代人沒時間讀書，學了這套速讀法，一年可以讀五百本書到一千本書。

教你速讀的人會告訴你，每個人都可以練成一目十行的閱讀速度，但他沒告訴你，**不是每個人都有過目不忘的能力**。

常人雖然沒有瞬間記憶的能力，透過技巧高速閱讀和強迫記憶，也能夠稍微記得書本的內容。不過這樣的「短期記憶」很快就會忘掉。最常見的例子就是國、高中考前努力讀書記得的東西，常常考後第二天就忘光了。

所以強調高速閱讀、快速記憶的方式不一定適合每個人。

高速閱讀需要的能力

高速閱讀又能把書本內容記起來的人有幾種：

1. 天資聰穎（眼睛像照相機，一眨眼，什麼都記下來了）。
2. 掌握邏輯思考的能力（能迅速整理出書籍脈絡，分析前因後果，只要記得關鍵字，就能掌握書本內容）。
3. 擁有感性閱讀的能力（能迅速把書本內容透過想像情境化，就像記得童話故事或小說情節那樣記下書本內容）。

一般常人只能想辦法透過練習達到第二、第三種。但在未達到這種境界前，還是得依據閱讀目的和內容放慢速度。

為了深入而慢讀

快速閱讀的技巧是讓眼睛像照相機，將書頁當成風景瞬間記憶下來，或者讓眼睛像掃描器，快速瀏覽過書頁上的文字，腦袋裡的思緒再慢慢咀嚼文字意涵。

調整閱讀速度的最根本則是讓眼睛停留在文字上稍微久一點，加深自己對文字的印象，並且反覆思索或想像文字的意義，這樣就是 反覆閱讀 ↓ 加深印象 ↓ 思索或想像 的深入閱讀過程。

不過有些人就是不專心，就是有閱讀障礙，看到文字就想睡覺或分心，所以放慢閱讀速度簡直跟拖著腳鐐走路沒兩樣，非常痛苦。

我能夠體會讀很多文字的書得慢慢讀，還規定不能分心，這是多麼痛苦和困難啊！

到底怎麼放慢閱讀速度又能長保專心閱讀呢？

中國古代的讀書人已經傳授給後代放慢閱讀速度的方式。

放慢閱讀速度的方法

1. 抄讀：用筆把書本內容抄下來，身體動作還能加深印象，而且用抄的……速度夠慢了。
2. 句逗：拿個紅筆，在該斷句的地方斷句。
3. 誦讀：把書本內容唸出來，聲音也能加深印象。

抄讀有優點，但也有缺點，就是「抄讀」的速度太慢了，會忽略整段或整個章節的結構，有種見樹不見林的遺憾。而句逗呢，會變成流於形式在點書。誦讀則會口渴，喉嚨會啞，不適合長期使用。

可以折衷用筆畫重點的方式來反覆閱讀想要深入閱讀的書。因為畫重點代表我們認真思考過，評價過書本的內容，找出精華或對我們有用的地方。身體動作同時能幫助我們加深印象。但畫重點不代表這本書就只有這樣的精華，最好把畫過重點的書從頭到尾再讀一次，用「尋找其他重點」、「批判自己重點是否畫得正確」的方式再讀一次。

如此一來，可以輕鬆閱讀完一本書又能掌握內容。

（當然用這種閱讀方式來準備考試還是不夠的，這只是想輕鬆閱讀又想好好掌握書本內容的建議閱讀方式而已。）

2-5 從簡單、有趣、入門的書籍開始！

「循序漸進」到「廣博」、「深入」的閱讀

讀書得「循序漸進」才行

大學一年級時，教授推薦我們班上同學讀羅蘭．巴特的《寫作的零度》。對符號學、結構主義及西方文學理論沒有一點概念的中文系一年級學生來說，《寫作的零度》有點艱深。我只得承認那時候我完全看不懂羅蘭．巴特在寫什麼。同樣沒有閱讀習慣的人，突然要他們去讀米蘭．昆德拉《生命中不能承受之輕》、雨果《悲慘世界》或普魯斯特《追憶逝水年華》，差不多也能夠想像對方會有「看不下去，翻譯小說很無聊，大概是翻譯的文筆有問題吧？」這樣那樣的反應。

讀書真的得「循序漸進」才行呀！

在我讀博士班的時候，教授先生指點我論文方向的一條明路，他說：「你去讀現象學，現象學對你的論文研究應該有幫助……」

我果然去讀現象學了。

把胡塞爾、海德格、梅洛龐蒂、茵加登的書都拿來讀，可是都看不懂。那時候真的超想哭的，怎麼辦？這樣下去我別想畢業了。記得那時我遵從教授吩咐，去學校圖書館借來的第一本書就是胡塞爾《邏輯研究第一卷》，完全看不懂書的內容，不論怎麼反覆閱讀都很難瞭解這本書在講什麼。直到很久以後，偶然讀了現象學入門書籍的《現象學導論》，又讀了國內外學者關於胡塞爾或現象學簡介的相關書籍，才終於稍微理解「現象學在講什麼」。

以我的經驗來說，讀書還真的得「循序漸進」，先從簡單的、有趣的、入門的書籍開始讀起。

說起來好像跟玩ＲＰＧ（角色扮演）電腦遊戲一樣，一開始得打等級低的弱小怪物，然後隨著等級高了才可以去挑戰更難的迷宮關卡、挑戰更強大的怪物。讀書也是同樣的道理，一開始讀太艱澀的書，只會讓稍稍燃起之「閱讀興趣之火」很快地熄滅。

如果電玩角色的等級高了，老是欺負低等級的弱小怪物也不有趣，得進入更可怕的迷宮、挑戰更難的關卡，去打開更寬闊的電玩地圖才好玩呀！

閱讀也是一樣。

進一步的閱讀方向

從內容「簡單」的書籍開始循序漸進閱讀，之後有兩個「閱讀方向」可以選擇：

1. 廣博閱讀
2. 深入閱讀

若是拿電玩遊戲裡的角色來比喻，當我們的戰士角色「經驗值」足夠了以後，可以選擇要提升「敏捷點數」把自己的戰士角色練成一個「動作敏捷」、「揮劍速度快」的戰士？或者提升「體質點數」，讓自己有很長的ＨＰ條，成為隊友們的「肉盾」？

「廣博閱讀」其他主題書籍讓我們成為見識廣博的人，「深入閱讀」更專業的書籍則讓我們成為這方面的專家。

不論如何，「閱讀的等級提升了」，我們都應該會變得更好。

廣博：
廣泛閱讀
其他主題的書籍
專業：
深入閱讀
更專業的書籍
循序
漸進
開始
閱讀

2-6 想看卻看不懂怎麼辦？

看不懂時，請重複閱讀

我們生命中可能會有這樣一本書，很想讀、有動力或需求去讀，卻**完完全全**讀不懂。

我曾經懷疑自己有閱讀障礙，讀書無法專心，很難理解書本的內容，如果碰到艱澀的內容，想要好好讀完的機率就更低了。

但我攻讀博士學位時，呃……不管怎麼樣都得讀書啊，而且當時指導教授要求我從現象學等西方哲學切入文學作品來進行研究。

可是我沒有修過現象學或任何西方哲學的課，在我就讀的這所以企管金融為主的大學裡，也沒有開這方面的課程，學校裡也沒有一個教授的專長是現象學。

我只好去圖書館借西方哲學的書籍，一本一本地讀。

差不多這樣讀了半年，把學校圖書館裡所有西方哲學的書都讀了一遍，但是若問我康德在講什麼？胡塞爾在講什麼？海德格在講什麼？尼采在講什麼……我完全不知道，想要用簡單幾百個字來解釋現象學，對我仍然是不可能的任務。

怎麼辦呢？

只好再讀一遍，重新到圖書館裡，把所有西方哲學的書再讀一遍。這時候才開始對西方哲學有一點點的概念了。

這樣的閱讀經驗也符合西方詮釋學裡提到的「詮釋的循環」。

什麼是詮釋的循環？

詮釋的循環就是，要理解「整體」的內容得由「部分」來理解，要理解「部分」的內容又得從「整體」來理解。

舉例來說，觀察一頭大象時，得知道一整頭大象長什麼樣子（整體），同時又注意到大象的耳朵、頭、鼻子、身體和腳（部分）。這樣才能掌握到所有關於「大

部分
理解了書籍的「整體」，進一步理解書籍各「部分」內容
透過閱讀了書籍的各「部分」內容，累積起來理解了書籍的「整體」。
整體

詮釋的循環

象」的內容。

但我們在初次閱讀時，沒有辦法同時掌握到書本的「整體」結構和「部分」細節，只好不斷反覆閱讀才能夠理解書本的內容（正如同反覆觀察大象）。

所以在沒有老師或先掌握這本書內容的人指導下，想要讀懂該書，反覆閱讀是我認為最快速掌握書本內容的方法。

即使非常艱澀的書，我們每次閱讀只要讀懂百分之一，在理想狀態下，讀一百遍就能夠理解到百分之百。

當然，想要百分之百掌握一本書的內容，對於平凡如我的人來說有點困難，可是只要多讀幾遍，覺得這本書我稍微能夠理解，覺得對我有幫助，這樣就夠了。

因此閱讀一本自己覺得艱澀的書，反覆閱讀是最簡單、快速理解這本書的方法。

2-7 用「不甘心讀不懂」的態度讀書

別人可以的，我也可以

好幾年前看日劇《東大特訓班》，裡頭的主角櫻木老師督促成績很差的學生考東京大學。那老師要求學生對學習有「不甘心學不好」的精神，有這種精神就會拚命去學習，因此獲得好成績。

在看這部日劇的時候，我大概已經沒有什麼機會再準備升學考試了。不過每次讀一本很難、看不懂的書時，我總會想起這部日劇裡「不甘心學不好」的精神，也對無法讀懂或讀完的書抱著「不甘心讀不懂」的心態，**於是就會拚命地絞盡腦汁，想把手上的書弄懂、讀完**。

雖然這種心態不一定讓我把讀過的每本書都完全弄懂，像康德的《實踐理性批判》、《判斷力批判》或胡塞爾《邏輯研究》，即使讀了很多遍，不知道是資質不足還是沒有老師教導的緣故，沒有辦法很坦然地說「嘿，整本書我都弄懂了！」，但至少我反覆花時間閱讀了好幾遍，一直到我覺得有一點收穫，覺得這樣差不多夠了、不甘心的心情稍微平淡了、目前挑戰到這裡就可以了為止。

我想我們人多少不願意被別人輕視，所以會產生「不甘心」的心情。不願意被別人輕視或不甘心的想法，有時會是我們積極努力以致獲得成功的動力。

除了應付升學考試可以抱著「不甘心學不好」的精神，努力學好每一科很難的科目、正確解答考試卷的問題外，確實也可以把「不甘心」的精神用在閱讀我們覺得很難的書上頭。

為什麼作者可以寫出這樣的書來，我卻讀不懂？

為什麼其他人能讀完這本書，我卻不行？

2-8 讀完一本書，就跟它說拜拜？

閱讀完一本書之後，請問自己三個問題

在大學教授文學課，偶爾會要求學生上台介紹自己讀過的書。學生怎麼介紹書呢？大多數同學會說，很好看、很有趣、這本書對我幫助很大、給我很多啟發，呃……哪方面的啟發啊？很多啊，主要是人生方面的……聽完這類的讀書心得，還是不知道這本書到底在寫什麼，讀了以後有什麼收穫。

事實上，我們很多人讀完一本書或幾本書，都有類似這種經驗——只能說出「好看」、「有趣」、「不合我胃口」等詞句，講不出書本的大致內容。我也曾經這樣。

之前提到我學過速讀，也曾利用速讀技巧迅速讀完許多小說。但這樣讀完一本

書的收穫，就像請學生報告一本書的心得那樣。呃，很好看、呃……很有趣……所以我那時候雖然讀過大仲馬的《三劍客》、雨果《悲慘世界》、米蘭昆德拉《生命中不能承受之輕》、莎士比亞全集等等許多國外著名經典，不過現在問我《三劍客》在寫什麼，我只能回答主角加入法王路易十三火槍手衛隊的故事，附帶一提……主角並不是三劍客之一。

說真的，好不容易讀完厚厚一大本《三劍客》，只有這樣的感想。難怪社會上有許多人覺得「讀書一點用處都沒有」。

以那時候我的讀書方法和態度而言，讀再多書的確不如 google 有用哩！（所以我說**讀書得用心**，學速讀沒什麼幫助。）

《論語》裡曾子說：「吾日三省吾身。」曾子每天會再三反省自己的言行，做為道德修養的功夫。

現在我讀完一本書，闔上書本的時候會很快地問自己三個問題：

1. 這本書的主旨或最重要的地方是什麼？
2. 這本書給我印象最深刻的地方是什麼？（這本書有趣的地方）
3. 這本書給我什麼樣的幫助？

例如我讀完《哈利波特》第一集，三個問題的答案可能是這樣：

1. 哈利波特在魔法學院保護了魔法石避免被魔王搶走。
2. 倫敦王十字車站的九又四分之三月台很有趣。
3. 這本書非常具有想像力而且能輕鬆閱讀，是娛樂性讀物。

只要用心把書看完，立刻整理一下思緒就可以回答出來。我們也可以稍微記錄下來，這三個問題的答案就變成了「這本書的三個特徵」。當我們在和朋友談論這本書時，不會再只是說很好看、很有趣這樣空泛的答案。

倘若閱讀思想稍微深一點、對人生啟發更重大一點，或對未來會有實際幫助的工具書時，整理出來的三個答案就成了我們在閱讀的「智慧之海」上留下的浮標，隨時可以從「這本書的三個特徵」找回閱讀記憶，或藉由這三個特徵，讓我們在眾多書目中找回可以再度閱讀的作品。這樣就不會讀過了某本書，卻又好像完全沒讀過一樣了。

2-9 書讀一遍就夠了？

先「略讀」再「精讀」

早年我的閱讀速度非常慢，讀完一本書大概需要一、兩個禮拜。

如果書是從圖書館借來的，因為有還書期限而且通常一次就借了很多本，想要努力翻完一遍都很困難，更何況要弄懂書裡頭在寫什麼！

聽說某位很有學問的人說：「書讀一遍就夠了，誰聽過有人國小讀兩遍的呢？」

呃，上一句是我胡扯的。

有學問的人不可能說「書讀一遍就夠」這種話。

即使讀尾田榮一郎的《海賊王》或諫山創的《進擊的巨人》，讀第二遍、第三遍時，也一定會有新的收穫吧？

其實，讀書每讀一遍都會有新的收穫。

有時是閱讀第二次以後才會注意到的細節，有時是因為之前的閱讀印象和已經掌握了整本書的結構，讓我們更能全面性地發現這本書的奧妙之處。

總之，我覺得一本值得讀的書，至少可以讀兩遍。

當然，如果是不值得讀的書，那麼，可能讀一遍就好了。

說起來，即使我們再小心翼翼地買書，多少會在書店裡買到根本不想讀的書、沒什麼內容的書。所以我買書回來讀大致有三種情況：

1. 讀到一半實在受不了，只好放棄。（這種情況其實不太多）
2. 這本書真的沒有什麼好讀的，但已經花錢買了，往後也不可能再讀，所以很快地從頭到尾讀一遍。
3. 覺得這本書還不錯，可以再讀第二遍、第三遍。

所以我們拿到一本書的時候，最好先用快速略讀的方式從頭到尾讀一遍（尤其是從書店裡剛買了新書，請盡快先略讀一遍，因為過一陣子可能就忘記有這本書了），稍微理解書的內容。

這時盡量以稍微寬容的態度來評價這本書。因為只是「略讀」，是初步理解此書，還沒有完全掌握書本內容。

這時候我們能記得的印象大概是這樣：

大仲馬寫的《三劍客》是描述主角和三個火槍手朋友的故事。

吉本芭娜娜的《廚房》是由三篇短篇小說構成，能療癒人心的溫馨故事。

胡賽尼的《燦爛千陽》是描述阿富汗婦女生命中種種艱辛的故事。

但這樣的印象恐怕沒有辦法讓我們覺得「閱讀是有用的」，不過是讀了書、知道書在寫什麼，可以對書本說：「啊，書本先生，我認識你了，謝謝你告訴我不錯的東西……」但說到有什麼啟示，只是相當模糊。

略讀的好處是我們已經初步瞭解這本書，有了最基礎的記憶。往後如果需要什麼書本裡的知識時，就可以憑藉「略讀」的記憶找出書來重新閱讀。

若我們「略讀」一本書覺得還不錯，最好趁著記憶猶新第二次「精讀」。

有些書真的是在第二遍「精讀」後，才發現這本書並沒有我想像得那麼無趣，甚至在讀過第三遍以後，又發現前幾次沒注意到的細節。

所以，先「略讀」再「精讀」，一本書至少讀兩遍，這樣就會有更大的收穫哦！或許有人會問，為什麼不第一次就「精讀」，好好地慢慢閱讀？

道理很簡單，假如第一次就放慢速度「精讀」，慢慢讀完一本書以後才發現，啊，這是一本不值得讀的書。不是很浪費時間嗎？

所以，**先「略讀」再「精讀」**。

略 讀
初步瞭解內容
奠定基礎知識
精 讀
至少讀兩遍
收穫更多

2-10 閱讀可以像玩電腦遊戲一樣嗎？

電腦遊戲式的讀書記錄

現在真的是電腦遊戲的時代。

只要有人聚集的地方，就有人低頭在玩手機遊戲。

至於各種電腦遊戲光碟、電視遊樂器主機，也是很多人家裡一定有的東西。

有些電腦遊戲設計得跟電影一樣，動作華麗，情節曲折，但大多數手機遊戲只不過是累積數字、通過關卡的簡單設計。

不過，就算只是累積數字、通過關卡，看著數字逐漸增加，自己也會有成就感。但讀書就沒有這種成就感了，誰知道讀了這本書能增加多少智慧呢？

這讓我想起了少年時代玩三國系列遊戲，拿到各種書籍寶物可以增加能力值，例如：

《遁甲天書》智力＋10
《兵法二十四篇》智力＋8
《孟德新書》智力＋5
《春秋左氏傳》政治＋10
《史記》政治＋10
《論語集解》政治＋5

假設讀書的收穫也能數字化、具體化，也可以得到玩電腦遊戲得分增加、收集寶物的樂趣。雖然沒有電腦遊戲公司設計這種形式的獎勵，但我們可以自己規劃，做像是電腦遊戲的得分記錄的簡單閱讀筆記，這樣不是很有趣嗎？

我們可以將閱讀之後的獲得能力，依照自己的傾向、需求來區分為文學、哲學、愛情、美術、金融、科學、美妝、職場人際等能力項目，每讀一本書就加1到5分不等，可以利用EXCEL製作類似下頁的記錄表格。

書名	作者	感想	文學	歷史	哲學	愛情	美術	音樂	金融	科學
挪威的森林	村上春樹	描寫渡邊徹和直子、小林綠的戀情，我覺得……	5	1		1				
哈利波特I 神祕的魔法石	J.K.羅琳	描寫哈利波特到魔法學校，阻止了佛地魔搶魔法石，我認為……	3							
悲劇的誕生	尼采	以希臘三大悲劇來討論藝術美感和生命力量的結合，我覺得……	3	2	5		1	1		
存在與時間	海德格	這本書好難，對於存在以及人類面對死亡的議題，我想……	3		5					

今年讀書累積分數：文學14歷史3哲學10愛情1美術1音樂1。

如果我們製作了這個表格，一年之後就可以快速瀏覽自己都讀了什麼書，每本書要稍微寫點感想，幫助我們記得書的大致內容，表格的分數會讓閱讀更有趣味性。

經統計後可以發現，啊，我今年獲得了「文學14分」，比去年更有文藝氣質……這樣不就跟電腦的「養成遊戲」差不多嗎？甚至更有意思，因為這是確實能幫助我們成長的分數。

至於怎麼決定給村上春樹《挪威的森林》「文學5」、「歷史1」、「愛情1」的分數，除了自己主觀認定外，也可以和別人組成讀書會，一起決定該給哪本書什麼分數。

讀書記錄跟玩電腦、手機遊戲一樣可以累積分數，不是很有趣、很有意思嗎？

但願每個人都能在「閱讀遊戲」裡拿到高分，每個人都能透過閱讀越來越好。

閱讀第 3 招
邏輯閱讀法

讀這一章可以瞭解……

兩種閱讀方法

「邏輯思維」的閱讀

邏輯思維的「關鍵字」閱讀法

如何掌握一本書的思想理路？

思考、論述的關鍵在哪裡？

知道整本書的主旨往往是不夠的！

大家來找碴？

不考試也要做筆記？

每次都像在讀一本新書

盡信書不如無書？

3-1 兩種閱讀方法

「邏輯閱讀法」與「情境閱讀法」

閱讀是有方法的，培養喜歡閱讀的習慣也有方法。

一般我們從學校老師身上學到的，很可能只是為了短時間獲得急速成效，在考試中得到好成績的「畫重點閱讀」。就是把可能用得到、考試可能會考的知識記憶下來。

雖然不斷背誦、努力練習題目可以加深閱讀記憶，說不定可以長久不忘，但這樣閱讀的方式很辛苦也不有趣，造成了很多人一旦離開學校後就將書本棄如敝屣。

其實，好的閱讀方法不但可以加深書本內容理解，也可以培養喜歡閱讀的習慣，讓我們時時從書本上汲取知識。

例如我們習慣用「邏輯」思考，那麼，配合「邏輯」的方式閱讀就比較符合我們的思考習慣，能夠對書本抽象的文字內容留下更深刻的印象。

除了「邏輯閱讀法」外，還可以經由想像的方式，將文字具體化、圖像化的「情境閱讀法」，都是能方便我們培養閱讀習慣、從書本上獲得知識的好方式。

「邏輯閱讀法」是依據邏輯概念很快地找出書中重要的關鍵字，依照前後脈絡因果來記憶書本內容。「情境閱讀法」則強調將文字轉化成具體畫面，是種情境的「想像力閱讀」。

「情境閱讀法」的閱讀速度通常比「邏輯閱讀法」慢許多，但藉由想像力深入閱讀，可以讓我們對書本內容印象深刻。

因此，在不趕時間、不急迫的情況下，很適合推動「情境閱讀法」。

本書第三章和第四章是談這兩種閱讀法的實際運用，讀者可學習到更深入瞭解及記憶書本知識的方法，因此而更喜歡閱讀。

3-2 「邏輯思維」的閱讀

快速瀏覽，歸納重點

在我寫論文或者想要用最短速度掌握書的內容時，我會採用「邏輯閱讀法」，閱讀小說、新詩或商業週刊、經濟學、汽車雜誌等也能採用這種方式。這種閱讀方式就是目光迅速瀏覽過整張書頁，腦袋裡面的「硬碟燈」不斷閃爍，用最快速度掌握整篇文章、圖片結構，並且在瀏覽時找到重點，分析可用的訊息。這種閱讀脈絡是這個樣子：

1. **全面快速瀏覽**
2. **透過思考掌握書本的敘述結構**
3. **分析重點、關鍵字句或篇章**

4. 尋找對自己有用的部分

我想大部分的人在中小學時代都讀過參考書，參考書會把課本重點用各種分析、歸納方式整理出來。但大多數文章為了讓內容流暢而寫出太多廢話。以上述這一段文字為例，整段文字的意思是：

□參考書用分析、歸納整理課文

□大多數文章廢話太多

採用「邏輯閱讀法」時，眼睛需要迅速刪去不必要的文字，找出結構、重點和對自己有用的部分。對於文學研究者而言，讀小說可以用這種方式掌握故事的脈絡、主旨，找到可以寫論文的切入點。

同樣用這種方式讀雜誌，也可以非常快速地掌握到自己想要的東西。

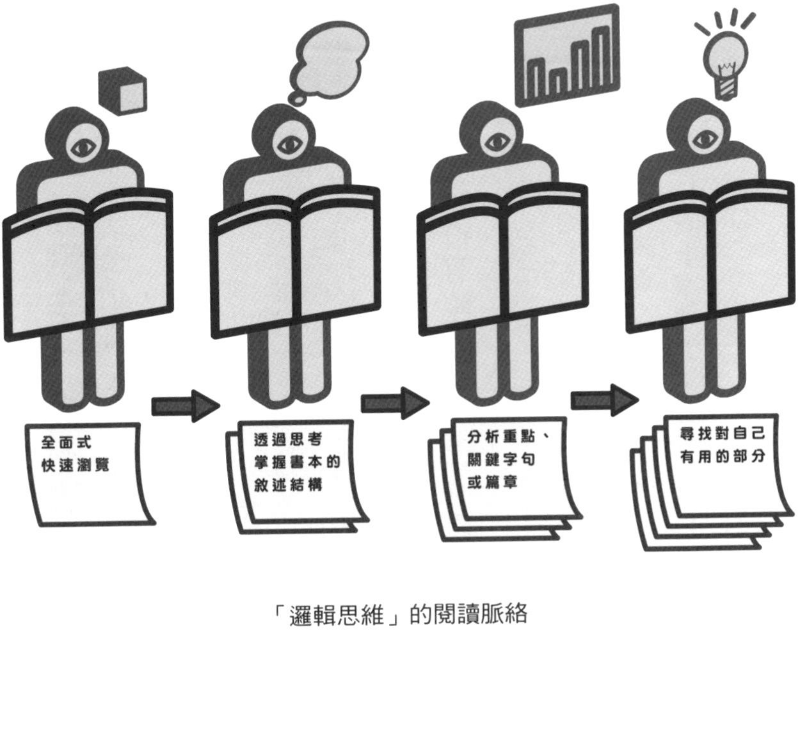

「邏輯思維」的閱讀脈絡

3-3 邏輯思維的「關鍵字」閱讀法

快速閱讀、理解文意並提升記憶力

有時候我們非得很快地讀完一本書、一大疊業務報表或企畫案。也常因為看到一本有趣的書，想先用最快速度瞭解故事的大致情節，以後有空的時候再細讀一次。

雖然我不太贊成用速讀，但有時候閱讀文章有急迫性，得用最快速度理解內容。

所以「速讀」有時是必要的，但就我的經驗而言，**速讀沒必要刻意練習**。

就像開快車一樣，真的要達到Ｆ１賽車的車速，大概得反覆不斷地練習吧？

至於我們一般人還是保持安全車速，用適合我們記憶、掌握文意的閱讀速度就可以了。

千萬別為了加快閱讀速度，把讀過的東西保留在「短期記憶區」裡，沒幾天就忘光了，反而欲速則不達。

那麼，來談談速讀吧。

之前提過幾種速讀方式，其中一種是傳統式的速讀，也就是閱讀時加快眼球移動速度。這種方式對我來說就只是加快眼睛瀏覽文字的速度，眼睛會很痠，對於記憶書本內容並沒多大幫助。

但，我們有必要完全記住書本的內容嗎？

對於非考生或者記憶能力一般的人來說，我們不需要太過精確地掌握書本內容，上班族閱讀業務報表或企畫案也是這樣，只要能準確掌握文件或書本的結構和意思，而且能夠在需要的時候講出大致內容或運用出來就可以了。

所以，我們根本只需要記得內容的關鍵字，然後藉由關鍵字的聯想建構起整段文字或整本書的大意。

現在舉例村上春樹《1Q84》第一冊的第一段：

計程車的收音機，正播放著FM電台的古典音樂節目。曲子是楊納傑克作曲的《小交響曲》（Sinfonietta）。在被捲入塞車陣的計程車裡聽這音樂實在很難說適合。司機看來也沒有特別熱心地聽那音樂的樣子。中年司機，簡直像站在船頭觀察不祥浪潮的老練漁夫那樣，只能閉口眺望著前方綿延不絕的車龍。青豆深深靠在後座，輕輕閉上眼睛聽著音樂。

村上春樹的《1Q84》是文學作品，文學作品經常用大量比喻讓敘述更精確、生動。不過當我們要用「關鍵字速讀」時，比喻就等於廢話，所以「簡直像……」這整句話可以統統略過不讀。

快速瀏覽這一段，我差不多要花三秒鐘看完，然後腦袋裡思考有哪些關鍵字：

計程車
收音機

楊納傑克

《小交響曲》

塞車

青豆

聽著音樂

這整段文字就是在說：計程車上正在播放楊納傑克的《小交響曲》，塞車了，青豆在聽音樂。

三秒鐘立刻掌握整段約一百五十字的內容，很棒吧？

村上春樹在這一段中花了許多文字描述的計程車司機完全被我忽略了，為什麼？因為按照常理判斷，塞在車陣中的計程車駕駛座上不可能沒有司機。

所以我們根本不必去記得計程車上有沒有司機這回事。

要理解這段內容時，符合常識的想像會幫助我們補充我們沒有特意記得的內容。

所以只要能妥善運用「邏輯思維」，在閱讀瞬間發現關鍵字並稍微記憶一下，任誰在一瞬間也能夠成為速讀達人，而且在閱讀當下就用「邏輯」整理了內容，讀過也不會容易忘記。

這是非常輕鬆、簡單的速讀方式唷！

3-4 如何掌握一本書的思想理路？

注意「結構脈絡」的閱讀

在國、高中時代準備升學考試時，我們就已習慣用反覆閱讀、抓重點的方式來學習知識。

「因為明天要考試啊！因為不好好讀書的話，會考不上好的學校……」所以我們大概會**拿著筆在書本上畫重點，反覆背誦記憶**。只要這麼做，大致上就可以把國文、歷史、地理這類文科的知識記下來，考試成績也能符合自己預期。

但是現在問我們，高中歷史、地理在講什麼啊？

我們大概會支支吾吾地說，就是台灣歷史、中國歷史和世界歷史……學些地形、交通、氣候和礦產之類的東西。或者乾脆說，哎唷，那種東西考完試就還給老師了，那是很久以前的事啦！

因為國文、歷史或地理這類考試都是零碎地就單一觀念或重點出題，只要注意細節的**「零碎閱讀」**，不需要整理出這門學科整個大脈絡，就能夠考到理想成績。

舉例來說，歷史學家可能說學習歷史可以「通古今之變，究天人之際」，藉由研習歷史，可以從朝代興亡、歷史事件發生的原因和脈絡去鑑古知今。例如「唐代玄武門之變」可以讓我們從李世民在玄武門殺害其兄弟太子建成、齊王元吉的史實，追溯其脈絡，思考兄弟鬩牆、家族紛爭的前因後果，更進一步思考自己如何去評價「玄武門之變」、思考李世民在這事件當中的功過。

但我們國、高中的歷史老師和考試，只要求我們記得有「玄武門之變」這件事，並不要求我們去真正瞭解歷史事件的脈絡。為了應付考試，不一定需要深究學問的結構脈絡，所以即使考到理想的分數，這門學科對我們人生幫助還是非常有限。

讀書，得瞭解一本書的結構脈絡，才能夠掌握這本書的思想理路！

如果我們決定認真好好讀懂一本書，**讀完以後得問自己，這本書的章節為什麼這樣安排？**

章節就是**書的大綱、結構脈絡**，如果能夠分析並敘述書的結構，由「本書主題」、「綱要」依序重述下來，差不多就能**提綱挈領地回憶並分析出書的大致內容了**。因此，能在腦袋裡好好說出全書章節脈絡，代表我們已經吸收到全書的基本知識了。

當然，想完整背下一本書的章節目錄不是那麼容易。當我們讀完一本書時，如果能在腦袋裡整理出四、五點簡單大綱，就能夠讓我們抓到整本書的主旨和內容啦。

3-5 思考、論述的關鍵在哪裡？

「邏輯思維」的因果式閱讀

世界上所有的事情都是根據某種原因產生了結果，書本內容同樣也符合因果的邏輯思維。我們可以試想一段敘述毫無因果關係的故事：

有一天太陽升起的時候，天就黑了。有個老人養了一隻名叫「小黑」的狗死了，他到隔壁村莊領養了這隻叫「小黑」的狗。到火星的時候下了雨，地面上非常乾燥……

我們讀到這段文章會覺得非常混亂，為什麼「太陽升起」然後「天就黑了」？為什麼小黑死掉了以後，老人才到隔壁村莊領養了叫小黑的狗？為什麼下雨的時候，地上非常乾燥？

完全不合邏輯嘛！這樣的文字我想任何讀者都無法接受……閱讀具有「因果關係」、「符合邏輯」的書，才會覺得書內傳授的知識很合理，經濟、政治、思想、商業之類的文章也必須從「合理的原因」推論出「合理的結果」來。

「邏輯思維」的閱讀方式就是發現一篇文章、一本書內在脈絡的「因果關係」：快速發現關鍵字以及當中有邏輯性的思考陳述，然後在腦袋裡用更精簡的語言重現出來。

所以「邏輯思維」的閱讀流程為：

1. **快速找出關鍵字**
2. **運用邏輯重新組合關鍵字，形成更精簡的敘述**
3. **記憶或再次理解**

在「記憶或再次理解」這個階段時，我們只要記得「原因」，就能運用想像力、推理能力，順利地導出結果，例如看見財經新聞：「臺灣加權指數下半年上漲百分之二十，股民……」

股民怎麼樣呢？因為臺股上漲，一般投資大眾會賺錢、開心、高興，對政府或對經濟景氣有信心。股市上漲的原因，差不多會導出投資人賺錢的結果。

閱讀時要經常問自己：這段文字中，什麼是原因？什麼是結果？理解了從「原因」導出的「結果」，整段意思就融會貫通了。

小說情節裡也能發現因果關係：

1. 在大仲馬《基督山恩仇記》裡，主角被關進監獄的原因是什麼？主角逃出監獄的結果是什麼？
2. 在巴爾札特《高老頭》裡，高老頭寵愛女兒們造成了什麼樣的結果？

閱讀一本書，並試著找出文字裡頭的「因果關係」，是讓我們能夠一面閱讀、一面思考又幫助記憶的好方法！

3-6 知道整本書的主旨往往是不夠的！

用「分段式主旨分析」來閱讀

以前我們讀小學時，老師為了鼓勵學生閱讀課外讀物，會問學生：「看了哪本書？這本書大致上在說什麼？」

國小老師藉由「說明主旨」來確認孩童有沒有讀書。

但只是知道一本書的主旨，實在不能代表我們真正讀完了那本書。因為只要把書拿在手上，從書名、書籍簡介或隨便翻個幾頁，大概就能知道了！**書的主旨**實在沒辦法代表這本書的完整內容或自己讀完書的收穫。

例如：

J．K．羅琳的小說《哈利波特：神祕的魔法石》的主旨，就是主角和他的朋友在魔法學校保護魔法石以免被佛地魔偷走的故事。

巴爾札克《高老頭》主旨在於凸顯、嘲諷病態的父愛和資產階級對財富至上的觀念。

R．N．艾略特的《艾略特波浪理論全集》是由自然波浪律動的觀念來研究股票金融市場的起伏。

從這些主旨我們就可以知道這些書在寫什麼。

不過就算知道，也沒辦法從中感覺到小說天馬行空的想像力、細膩的人物描述，更不可能從《艾略特波浪理論全集》的主旨瞭解到怎麼運用「波浪理論」來詮釋股市的漲跌。

所以，得要做更細部的分析。

「分段式主旨分析」的閱讀方式，對閱讀古文或艱澀的書籍特別有用，尤其艱澀的哲學書，有時一段就上千字，一個完整句子可能上百字，這時候我們還得問自己：「這句的主旨是什麼？」

書籍難易度	需要弄懂的內容
好簡單！	只要知道「書的主旨」就可以了。
簡單	可以說出「每章的主旨」。
有點難	可以說出「每小節的主旨」。
難	可以說出「每一頁的主旨」。
好難喔！	可以說出「每一段落的主旨」。

內容非常簡單的書，只需要稍微知道主旨就夠了。

稍微困難的書，則需要分析每個章節的主旨。

更困難的書，需要分析每頁的主旨。極困難的書就需要弄懂每段或每個長句子的主旨。

當我們都能說清楚「章節主旨」、「段旨」之後，就能更深入瞭解一本書的內容了！

我們可以用上面的表格表示。

越艱澀的書就越需要採用「分段式主旨分析」的閱讀，詳細理解每一段落的內容。

3-7 大家來找碴？

有「問題意識」的閱讀

閱讀有內容的書，可以增廣見識、刺激想像和訓練思考能力。但不論在學校上課或閱讀一本書，若沒有「問題意識」，人類文明不會進步……

例如國文老師說：

李白字太白，號青蓮居士，中國唐朝詩人，祖籍隴西。有「詩仙」、「詩俠」、之稱，是中國文學史上最傑出的浪漫主義詩人。

沒有「問題意識」的學生會乖乖地把這段文字背下來，然後考試獲得好成績。

但有「問題意識」的學生在這簡短的文字中可以產生哪些問題呢？

1. 什麼是「字」？為什麼要「字」太白？
2. 什麼是「號」？為什麼要「號」青蓮居士？
3. 李白真的是隴西人嗎？（關於這點，中文學者曾考證出不同的說法）
4. 為什麼有「詩仙」、「詩俠」的稱呼？
5. 什麼是「浪漫主義」？
6. 中國有其他「浪漫主義」的詩人嗎？

這一段簡短文字可以延伸出這麼多問題，然後拿這些問題統統去問國文老師嗎？當然不是啦，我們可以藉由這些問題去「延伸閱讀」，擴大自己的閱讀書目，去圖書館借閱「李白」主題的書籍、「浪漫主義」主題的書籍。從專家的研究裡當然能獲得更豐富、更精確的答案。我想學問或人類文明就是這樣保有「問題意識」，藉由不斷追尋、累積而進步。

有「問題意識」並且願意去尋找答案的人，可以獲得更多思考的機會和知識。

我們在閱讀一本書的時候，當然得先信任作者是專家，不帶偏見地好好閱讀，然後在閱讀過程中不斷地從「問題意識」裡去挖掘問題。

為什麼作者要這樣寫？

有沒有可能有其他敘述方式或相異的內容？

從這個問題可以延伸出哪些方面的思考？

關於這主題，有沒有其他寫得更好的書？

這是我們可以根據內容提出的問題。當然，不同性質、內容的書，可能會引發不同的問題。除此之外，我們也可以不斷問自己：

讀到目前為止，我有什麼感覺和收穫？

這本書對我的現實生活有沒有幫助？

這部分的內容怎麼運用在我的現實生活上？

我還記不記得前面的內容？

讀到現在有沒有無法理解的地方？（如果有，可能要問別人，或者將不懂的地方重看一次）

閱讀一本書時，要不斷對內容和自己拋出問題，認真藉由閱讀來督促自己思考。

用問題意識閱讀還能「刺激想像」和「訓練思考和尋找答案的能力」，這樣我們才會真正進步。

3-8 不考試也要做筆記？

輕鬆愉快的筆記方式

我希望讀書是輕鬆、愉快的。

一邊讀書一邊做筆記會稍微辛苦一點，而且也會讓讀書速度變慢。

不過我得承認，**做讀書筆記是精讀一本書的最佳方法**，尤其對考生而言，做讀書筆記非常重要。

做筆記的方式有很多，也不少「考試高手」出版了各種如何做筆記的書籍。

我在教育大學教書的時候，校方也規定要教學生用「心智圖」的方式做筆記，並規定要繳交心智圖筆記的作業。

「心智圖」是非常有用的筆記方式，透過繪畫、顏色和文字，做筆記的人能用

直覺記下要學習的內容。

心智圖可以讓我們清楚整理出書與文章的脈絡，提綱挈領地理解重點。

但我習慣用「關鍵字」和「情境想像」兩種方式做筆記，上課的時候會讓學生在筆記本上去想像文字內容，然後畫出文章描述的情景。也就是隨手塗鴉。腦袋思考了、手動了、眼睛又看到了圖畫，可以加深閱讀印象。

另一種方式就是「關鍵字筆記」，我會用電腦來製作，因為可以利用電腦的「搜尋」功能，這樣往後需要時能夠迅速檢索內容。

我製作筆記的方式是這樣：

尼采《查拉圖斯特拉如是說》（台北：志文，二〇〇一年）：

關鍵字	句子	頁數
勇者（智慧，勇氣）	我愛勇士；做一個劍客還不足——人必須知道對誰使用了寶劍	P. 237

往後說不定想要回顧尼采說過什麼跟智慧或勇氣有關的話，因此把這句話抄下來。至於要不要歸納，或有系統地條列式整理呢？

呃，又不是在準備考試。

電腦有「搜尋」關鍵字的功能，需要的時候就搜尋一下。

用電腦做筆記很輕鬆。

若是能輕鬆愉快地讀書、做筆記，當然會一直持續下去了！不必為了堅持有系統地讀書、嚴謹地做筆記而壞了自己的閱讀興致。

能夠持續閱讀就很棒了，做不做筆記倒不必強求。

3-9 每次都像在讀一本新書

不在書上畫重點的好處

做閱讀筆記時必須要先知道書的重點在哪裡，找出重點和脈絡並且記錄下來。我們在中學時，經常會用紅、藍筆或各色螢光筆在書本上畫重點，這樣一來，當我們在複習時就能很清楚地找到重點、關鍵字，反覆閱讀。

我在中學時代也曾想用功讀書，成績卻不是很理想。買了幾本參考書，也拿螢光筆畫重點，可是如果重點劃太多，幾乎整本書都是重點了嘛！如果劃太少，又怕會不小心漏掉許多重點。

每次斟酌到底哪裡是重點，都會讓我有些猶豫。有時真的漏掉了一些考試會出的，回頭翻課本或參考書才發現原來書上有寫，只因為我沒有用螢光筆圈起來，所以每次複習時都跳過去沒有讀到。

說不定有些人也跟我一樣曾經有過這樣的困擾。

在書本上畫重點非常方便，重新閱讀時只看重點即可。不過針對某些書，我習慣「不在書本上畫重點」，保持書本乾淨潔白。我覺得一本書保持乾乾淨淨比較好，至少可以強迫自己重新好好找出重點，而不會被之前閱讀時畫的線引導。

下次閱讀時，書還是會像新的一樣，讀起來非常愉快。

雖然沒有畫重點會讓自己無所適從，但是能藉此強迫自己再次從頭到尾完整細讀一次，而不會因「只讀重點」而忽略了全面或者其他要點。

「只讀重點」讓我們迅速獲得書本知識，但也會讓我們只能獲得零碎的知識。

閱讀很重要的書或工具書，可以不畫重點嗎？

這時我會做筆記，做條列式的**重點筆記**或摘錄重要句子。這樣下次還是可以閱讀到乾乾淨淨、沒畫過重點的書。想看這本書的重點時，翻閱筆記就好。

而且，做**重點筆記**會比直接用筆劃過重點更能幫助記憶！

3-10 盡信書不如無書？

進階閱讀：批判和質疑

孟子說：「盡信書不如無書。」是說我們讀書的時候，不能完全相信書本內容。這句話很容易讓人拿來當作不讀書的理由：孟子也認為「無書」比較好呢！大家當然知道孟子不是這個意思，他希望我們讀書不要拘泥於書本，能審慎時勢、靈活運用。

寫書的作者會受到自己立場的侷限，思考和表達方式不一定能盡善盡美，若是讀書的人完全不思考，全然相信書本內容，就成了書呆子啦！

說起孟子這句話，會讓我想起讀博士班時候的事情。

那時我每次上指導教授的課就非常緊張，她在課堂上總會質問我們上課講義或書籍的內容。她並不是問：「這段論文的意旨是什麼？」而是問：「這篇論文的這一段、這一行，你覺得哪裡寫不好？為什麼寫不好？」

研究所課堂上讀的論文或書籍都是國內傑出學者的著作，想要從中找出缺點或立論不確實的地方相當困難。

因此我們得預設立場，我們閱讀的書中沒有一本是絕對完美、正確。沒有絕對正確的學問，人類的文明才會不斷進步。

想要找出書中可以質疑和批判的地方並不容易。我們得先精讀過才行，要仔細閱讀、反覆思索，等到完全掌握作者筆下意旨，才能夠做正確的批判。到了能正確批判書本內容，也代表我們能夠掌握書籍的精髓，不然只是胡亂批評而已。

一個願意提出批判和質疑的進階讀者，閱讀大概有三個階段：

1. 精讀、熟讀內容

2. 提出質疑和批判

3. 就自己的智慧和立場提出更妥善的解答

這樣的閱讀過程實際上是「思考性閱讀」與「創造性閱讀」，創造出新的知識、屬於自己的知識和思維方式。

最後要瞭解，批判和質疑書本內容並不是為了否定書本，而是為了激發出更好的智慧來。

1.
精讀、熟讀
書本內容
READ
2.
對書本提出
質疑和批判
?&!
3.
就自己的智慧和立場
提出更妥善的解答
OK&NO

閱讀第 4 招

情境閱讀法

讀這一章可以瞭解……

為什麼要讀小說？

過目即忘與永遠記得

只喜歡圖像，不喜歡文字？

文字能轉換為畫面？

閱讀可以很立體？

如何和作者產生關聯？

如何體會作者的想法與感受？

想像你所想像不到的事情！

讀完書卻馬上忘光光？

4-1 為什麼要讀小說？
小說也能比勵志書有用

在網路上曾經讀過一篇鼓勵閱讀的文章，文中反對社會人士讀小說，只要讀一些勵志書、職場書就夠了。

很多人讀書都只挑選「快速有用」的書，例如考試用書，或是投資理財、心靈職場、健康塑身、園藝或養寵物的書。這些書固然很好，對人生確實有直接的幫助。

可是這些書是有侷限的，考試用書在考完後就沒用處了，即使有，實際效果也很小。例如國中理化讀過的莫耳、計算原子數，南非或中國東北的礦產……

或是讀塑身減肥書。讀這種書有兩種結果，一種是完全沒幫助（這種機會比較大），另一種是恭喜你啦，完全瘦下來了。不過無論哪種情況，只對塑身有幫助。

至於談心靈、人際關係之類的書，哎，拜託，這些孔子、孟子已經講過不少。

像孔子說：「溫故而知新，可以為師矣。」努力溫習曾經學習過的知識，並且增加新的學問，這樣的行為已經值得別人學習而成為老師了。

孔夫子又說：「不怨天，不由人，下學而上達。」這句話的意思是，遇到了挫折不會埋怨上天或責怪他人，通過學習而獲得而獲得至善的道理。

孟子說：「富貴不能淫，貧賤不能移。」富貴不能使自己心志迷亂，貧窮不能改變自己的志向——

怎麼樣？他們都說得很棒吧？

不僅是國文課考試前需要背誦，事實上也可以做為我們人生、心靈或交朋友的守則。

然而我們大多數人不喜歡讀這些古書，從學校畢業以後即使想要讀書也會想選擇「速成、有用的書」。大部分這類書會讓你覺得有收穫，事實上只是反覆而空泛的內容用新的語言再詮釋一遍，整本書最精采的可能只是幾句可以當成座右銘的話。

認真閱讀以上例舉類型可獲得顯著直接的效果，但是適用的情況有侷限。若要閱讀內容較廣的書，我建議可以閱讀小說。

讀小說有什麼好處？

除了具有娛樂功能外（這點很重要），我們可以看見作家筆下的人物如何生活，他們通常會面對家庭、愛情、婚姻、經濟、職場各種困難，甚至犯罪之類。作家認真構想，用生花妙筆讓人物在虛構世界裡認真生活著。

例如海明威的《老人與海》，小說中老漁夫勇於挑戰大海和自我的態度，尊重自己的職業努力去捕魚的精神，到現在我都還記得呢！我們不一定都是漁夫，但生活上、職場上，大家都能夠擁有《老人與海》主角的精神。

一般奇幻小說除了激發我們的想像力外，也教導我們勇敢、執著、機智和善良。

美國作家瑪格麗特・米契爾的《飄》教導我，仔細認清誰才是自己的真愛，好好把握住。

有些愚笨的主角，例如《阿甘正傳》的阿甘、魯迅小說《阿Q正傳》的阿Q；阿甘讓我們體會到堅強和單純也能帶來成就，阿Q則是一個人生反例，警醒我們不可以像阿Q一樣逃避現實。

一部好的小說並不只是反映人生，而是有思想性地傳達某些意旨。小說中的人物形象鮮明，情節深刻而逼真。我們藉由閱讀，參與了小說人物的生命。他們突出而鮮明的生活方式，就是我們人生的參考範例。

有正例、反例，也有平凡得不得了、心思細膩的人情。

誰說閱讀小說沒有用呢？

只要用心閱讀，小說帶給我們的幫助可比許多勵志書多更多呢。

4-2

過目即忘與永遠記得

故事，幫助我們加深閱讀記憶

很多人在學生時代很討厭國文課，因為那是需要「死背」的一門課。不管哪一門科目，只要把一大堆文字記下來，考試差不多就可以拿高分了。我們也都知道那些強迫記憶下來的東西，即使有用卻也非常單調沒有意義。因而打從心底抗拒。

荀子〈勸學篇〉可能收錄在高中、大學國文課本裡，它是一篇非常優美的古文，立意也良好，用各種比喻和故事勸大家要好好學習。可是大部分的學生讀過就忘記了，不會因為荀子的文章寫得好就特別想好好學習。

可是我們多半記得童年看過的卡通或童話故事，那些關於正義、勇敢、友誼、機智、善良的情節多半會縈繞在心底，成為我們生命的一部分。

例如〈三隻小豬〉的童話，我們會記得最小的小豬勤勞蓋了磚屋，最後保全了性命。我們會記得勤勞很重要，別太懶惰了。

愛情小說也會讓我們有感想，像福婁拜《包法利夫人》無法節制自己的愛情和物慾，村上春樹《挪威的森林》的渡邊在兩個女性間游移不定，和小林綠約會時不專心，惹得對方生氣。讓男孩子理解到，嘿，約會時要專心，要好好照顧一個女孩子的心。

然而《好孩子不能懶惰的生活守則》、《男孩子約會、談戀愛應該注意的100件事》這類非故事性的書，只是簡單告訴你什麼該做、什麼不該做。這類書就像國文課本一樣，讀過幾天就忘光光，誰會去特別背誦那一百件事啊？

比較起來，人們還是喜歡聽故事，對故事的記憶永遠比教條式的說明更深刻。即使長大成人了，依然能清楚記得孩童時閱讀的《三隻小豬》、《白雪公主》、《藍鬍子》等故事。

要記住「非小說」的內容，最好的方式就是閱讀時發揮出最大的感性，想像出有情境的故事來，例如閱讀尼采《悲劇的誕生》時，想像尼采用非常生動有趣的方式在講話。讀國中歷史課本時，想像歷史人物的遭遇，讓文字帶動想像，在腦海裡演出來。

帶入情境之後，生硬的實用知識也很容易牢牢記住，不容易忘記了。

4-3 只喜歡圖像，不喜歡文字？
把文字當成風景

有一種閱讀法叫「圖像式閱讀」，就是把書頁內容像照相機拍攝那樣，當成圖片記下來。

我想起了日本輕小說《櫻花莊的寵物女孩》裡的高中生女主角，為了應付數學補考就是用這種方式記憶。她運用自己對圖畫記憶的卓越能力，把所有公式和解答用背誦圖畫的方式記下來！

一般人當然沒有這樣的天分，但我們對於景色的記憶能力其實非常驚人。例如我們可以閉著眼睛從自家大門口走到自己的房間，因為我們早就記清楚家裡的結構和布置。

或許有人說，這是因為我們都住家裡啊！住那麼久當然熟悉！

沒錯，這就跟我們反覆閱讀一本書而對它瞭若指掌，一樣的道理。

還有一個例子，或許我們只去過花蓮的太魯閣、台東的八仙洞一次。記住，是只有去一次的地方唷！

但現在閉上眼睛，太魯閣的山壁和懸崖的壯麗風景，八仙洞奇特的海蝕洞地形，你依舊記得而且還能描述出來。

這是為什麼呢？

因為空間感是人類的本能。家中日常的景物，我們反覆經歷過所以印象深刻；風景名勝因為特殊，即使只有去過一次也能記得。倘若我們把書本內的文字當成風景，縱使僅僅瀏覽過，還是稍微記住了一些東西。

抽象的語言文字不方便記憶，這也是我們比較喜歡看圖文書、漫畫書的原因。所以，把書內的文字想像成風景、圖片，如同「照相機」那樣把文字內容、位置稍微記憶下來。

記憶文字的位置要做什麼？

因為「空間感是人類的本能」，我們能記得重點、關鍵字在書頁上的位置，就能依據空間位置聯想出更多內容出來，就如同記得太魯閣的某塊大石頭，跟著山勢、公路、植物、溪水也能回想出來了。

把文字當成風景，是幫助我們輕鬆快速閱讀、記憶，又能保持愉快心情的妙招。

4-4 文字能轉換為畫面？

想像情境的閱讀

我在教大學國文，尤其在教古文的時候，很不喜歡當學生的翻譯機，依照字詞的註釋把白話翻譯唸一遍，給學生抄在課本空白處。

為什麼非得這樣枯燥地教文學作品呢？

大學國文課本裡的古文幾乎用 google 就能搜尋到各種翻譯版本，如果國文老師上課只是翻譯而已，那麼 google 就可以取代老師了。

課文裡有具象描述時，我都會要求學生把筆記本拿出來畫圖，請大家畫一下這篇文章到底在講什麼景色。

不一定每個學生都能流利地翻譯文言文，但從看得懂的字詞也能猜出大致上的含義，能夠想像，並且用筆畫出課文敘述的東西。

例如柳宗元的〈始得西山宴遊記〉的遊記，柳宗元把他看到的景色寫了下來。創作的過程是：**景色→文字**

我們閱讀的過程剛好和柳宗元寫文章相反：**文字→景色**

閱讀的趣味並不是在於翻譯和註解文章，而是正確地理解作者在說什麼，有點類似作者用「筆談」的方式跟我們聊他見到的景致和感受。

再以村上春樹《1Q84》為例：

> 計程車的收音機，正播放著FM電台的古典音樂節目。曲子是楊納傑克作曲的《小交響曲》（Sinfonietta）。在被捲入塞車陣的計程車裡聽這音樂實在很難說適合。司機看來也沒有特別熱心地聽那音樂的樣子。中年司機，簡直像站在船頭觀察不祥浪潮的老練漁夫那樣，只能閉口眺望著前方綿延不絕的車龍。青豆深深靠在後座，輕輕閉上眼睛聽著音樂。

讀完這段文字，腦袋裡應該會立刻浮現青豆搭計程車時的情景。我們能把情境想像得越真切，對於這段文字的理解與記憶就越深刻。

抽象思維的文字要怎麼想像出具體情境呢？

尼采在《歡愉的智慧》裡說：

生存——它一直不斷從我們身上排除任何會趨向死亡的東西。

我們可以想像尼采的形象（假設不知道尼采的模樣，就想像一個西方哲學家模樣的人），想像他在跟我們說這一段話。

也可以想像有個人叫「生存」，這個人不斷從我們身上把叫「趨向死亡」的東西拉走。

強迫自己記憶文字是非常枯燥的事。但如果加入想像力來閱讀文字架構出來的情境，我們就能迅速理解並且牢牢記住。

4-5 閱讀可以很立體？

從「文字」到「畫面」的情境閱讀

我有時候會逛動畫社群網站。

在知名的動畫社群網站裡頭曾看過年輕的網友發言：「我不看小說，我只看動畫……小說字太多了，還要想像畫面，很麻煩。」

的確，比起小說，動畫有動態畫面，觀賞起來當然比較輕鬆。

我們閱讀小說，大致上是「文字→畫面→情節→故事」的理解過程。漫畫則將敘述轉化成圖畫，僅保留**對話內容**和**狀聲詞**，變成「畫面→情節→故事」的理解過程。動畫呢？

動畫以畫面直接演繹出情節，觀看動畫就是「畫面（情節）→故事」。三者重新整理如下：

小說：文字→畫面→情節→故事
漫畫：畫面→情節→故事
動畫：畫面（情節）→故事

觀賞動畫省略了「文字→畫面」的理解過程，看動畫不必動腦袋去想像畫面，自然比較輕鬆囉！

不過，「想像」也是閱讀文字的樂趣，可以訓練想像力，我們越熟練地閱讀文字作品，就等於越熟練地運用腦子想像，思考能力會跟著提升。

而且文字不僅限於描寫畫面，抽象的內心語言、思考、氣味、觸覺，都能透過文字細膩地表達出來。

閱讀文字作品，可以訓練想像力、思考力。

透過「情境閱讀」這樣立體而鮮明的想像，我們彷彿在文字的世界裡身歷其境，體會也會更深刻。例如雷克·萊爾頓的小說《波西傑克森：神火之賊》的開頭：

> 我祈禱這趟校外教學一切順利，至少這次別出事就好。這樣我就不會惹上麻煩。
>
> 各位，我大錯特錯。
>
> 看吧，每次校外教學總會有壞事降臨在我頭上。就像五年級去參觀薩拉多加戰場時，我就出了個包，那是和美國獨立戰爭的大砲有關的意外，雖然沒有瞄準到校車，不過我還是被趕了出去……

這是以「波西·傑克森」為主角的第一人稱小說，這段文字很容易讓我們聯想「我就是一個被認為經常惹麻煩其實很無辜的男孩」，抱持著這樣的立場去想像「我」在**薩拉多加戰場**，美國獨立戰爭時期的**古大砲**發射了，不知道炸到了什麼，但是可以想像場面一團亂，人們驚慌失措、尖叫，我是波西．傑克森，以一種好笑、茫然或害怕又被誤會的心情看著眼前的慌亂。

「情境閱讀」的立體想像不僅適用於小說。高中地理課本有一段敘述：「海南島屬海洋性熱帶季風氣候，島上的石碌鐵礦，是中國少數豐富的鐵礦產地。」

現在讓我們想像海南島，想像一個情境：

我是一個煉鋼廠的採購經理，剛降落在海南島的機場，我要去「石碌鐵礦」簽採購鐵礦的合約。剛走出機場，我覺得氣溫比其他地方熱了一點，而且濕度有點高……

現實情況中的煉鋼廠採購經理可能不會去海南島，但是我們可以想像這樣的情境，「海南島」、「石碌鐵礦」、「海洋性熱帶季風氣候」幾個需要背誦的詞就用情境畫面記憶下來了。

同樣在高中歷史課本裡，李鴻章簽訂「馬關條約」，我們也可想像他簽訂馬關條約的情形，用類似電影情節、小說故事的方式，把這段歷史記憶下來。

閱讀可以訓練想像力，想像力可以幫助我們理解事物，讓記憶更深刻。「閱讀」與「想像」是相輔相成的！

4-6 如何和作者產生關聯？

反覆「感性閱讀」，和作者一起思考

我們可以認定書有「靈魂」，它的靈魂在揭露出作者的思想、情感和精神。

舉例大家都讀過的《論語》，它的精神就是孔子傳授給弟子的道理，可更簡單總結為「夫子之道，忠恕而已」。

我們縱使知道這句話，國高中也為了考試，把參考書中《論語》的部分都背熟，卻依然不太有把握自己掌握了《論語》的精髓。

像《哈利波特》的書迷把全套書讀過好幾遍，對書中人物、地名、物品如數家珍，能說明作者為什麼要這樣寫、為什麼把某個人物寫得特別壞，簡直可以與作者同步思考，這樣叫做掌握了書本的精髓。

覺得一本書很棒的時候，我們可以反覆閱讀，好好掌握作者的思想脈絡。

好比在美術館欣賞畫作，或練習書法臨摹王羲之的字帖，要注意到的並不是形式上的筆觸，而是創作者透過筆所傳達的藝術思維、情感和精神。那才是真正值得學習、仿效的地方。

倘若閱讀只注意字面上的意思，注意文章結構，就像讀國文只記住注釋、翻譯那樣刻板，閱讀對我們就一點幫助也沒有！

想要有心靈收穫，就得讀一本書的「靈魂」。用感性想像促使自己逼近作者的思路。這樣的閱讀會讓我們成長更快。

4-7

如何體會作者的想法與感受？

「情境閱讀法」的作者想像

小說很適合讀者用「情境想像」的方式閱讀。

我們來用「情境想像」的方式讀古典詩。

例如杜甫的〈新安吏〉：

客行新安道，喧呼聞點兵。借問新安吏，縣小更無丁。

府帖昨夜下，次選中男行。中男絕短小，何以守王城。

肥男有母送，瘦男獨伶俜。白水暮東流，青山猶哭聲。

莫自使眼枯，收汝淚縱橫。眼枯即見骨，天地終無情。

我軍取相州，日夕望其平。豈意賊難料，歸軍星散營。

就糧近故壘，練卒依舊京。掘壕不到水，牧馬役亦輕。
況乃王師順，撫養甚分明。送行勿泣血，僕射如父兄。

這首詩非常有畫面，我們可以想像杜甫在吟頌或寫作，或者正客行新安道，旅途中經過洛陽西邊，聽到新安這個地方的官吏正在拉壯丁去當兵的情景。

我們想像出來的杜甫先生，在我們面前寫下這些悲天憫人的詩句，然後在詩末安慰去當兵的年輕人說，別怕、別怕去當兵……國家的軍隊是順應天意而為，也會撫養照顧士卒。當我們想像出作者的形象，必能更深入瞭解這首詩。

閱讀國中理化或是高中物理參考書，可以想像補習班老師跳出來講解實驗或公式計算。讀《圖解劍道圖說》、《空手道實戰分析》、《游泳技巧圖解》這樣的書也可以充分利用想像力，想像嫻熟這三項運動的人在當自己的教練，或是劍道教練從書本跳出來在我們面前揮刀，一邊說著要訣。

若只是像上中學國文課，光把一段文字弄懂、分析修辭是不行的。得透過文字實際想像作者這位教練，在我們面前示範標準的揮劍、前進後退動作。這樣讀才有幫助。

4-8 想像你所想像不到的事情！

「情境閱讀」的超現實想像

我們覺得看卡通會比看電影有趣。為什麼？

因為卡通有輕鬆有趣的超現實、荒謬、不可能的元素，也因為超現實畫面往往會讓我們印象深刻。

把這些想像運用在閱讀上，會讓我們對書本內容留下更深刻的印象。

例如國中地理課本中講到中國貴州：

貴州受河流侵蝕、雨水溶蝕，所以地形崎嶇

貴州有「黃果樹瀑布」

煤礦：黔西煤田

交通不便，有礙觀光發展

我們可以超現實想像貴州的河流都是流著硫酸，腐蝕性很強，所以地形侵蝕很嚴重，整個貴州地形就像鐘乳石迷宮。在大瀑布上有一棵果樹叫「黃果樹」。黔西有一個灰頭土臉的礦工在挖煤礦。有人在大馬路上放了一個路障，路障上面寫「交通不便，禁止觀光」。

當然，這樣的想像非常沒有邏輯、誇大、扭曲現實。可是這樣聯想有卡通荒謬的趣味，這樣讀課本不但有趣，還能幫助我們記住地理課本的內容。

又例如這段文字：

近年來最被臺灣民眾看好的產業依序為：綠能產業、生物科技產業、醫療照護產業、文化創意產業、資訊應用產業……

產業名稱	我的想像	你的想像
綠能產業	綠色西裝	
生物科技產業	章魚	
醫療照護產業	針筒	
文化創意產業	書	
資訊應用產業	電腦	

假如非得把這五樣產業記下來，我們可以想像五個穿著西裝的大老闆，第一個穿了綠色西裝，第二個抱著一隻章魚，第三個抱著針筒，第四個抱著一本書，第五個抱著一部電腦。

當然，每個人聯想的東西不會一樣。例如什麼東西可以代表生物？除了「章魚」，還可以用「兔子」或「狗」。

讀書是自己的事，自己聯想出來的東西更容易記住，我們可以用圖表練習，例如上表。

當我們非得背誦這五項產業時，腦袋裡自然浮現那五個可笑的人，自然就能想到我們要記憶的事物。

4-9 讀完書卻馬上忘光光？

搭配「邏輯關鍵字」恢復記憶線索

有時候我好不容易讀完一本書，可是過了一陣子卻忘光光，得重新去翻閱或者檢視自己的閱讀筆記。和我一樣記憶不太好的人大概都會有這樣的煩惱。

「情境閱讀」的閱讀方法除了利用想像力聯想書本內容，加深閱讀印象外，也可以搭配「邏輯閱讀」的關鍵字來幫助自己回憶書本內容喔！

在《挪威的森林》一開始，主角渡邊君回想起十八年前與直子戀愛的經驗時有深刻的描述：

記憶這東西真是不可思議。當實際置身其中時，我幾乎沒去注意過那些風景。既不覺得印象特別深刻，也沒想到在十八年後竟然還記得那風景的細部……可是如今首先在我腦海裡浮現的卻是那片草原的風景……當然只要花一些時間我還是可以想起她的臉。小而冷的手，光滑柔順的美麗直髮……她那時候說了些什麼呢？對了，她跟我說到草原上井的事。

小說家細微而真實地書寫了想要記起過去發生事情的過程，主角可以鮮明記得十八年前或更久以前的記憶。

為什麼「閱讀」不行？為什麼書本的內容記不牢呢？

因為我們並沒有在每次的閱讀當中把它當成生活或風景，只是在瀏覽或刻意背誦文字啊！如果是我們生活的記憶，不論時間過得再久，都應該留有模糊的印象。

我們可以更仔細觀察村上春樹這段文字，主角先回想起「畫面」，是他和直子散步的「草原」。他先記起了大範圍的「畫面」，接著回想起更細微的「直子的臉」。最後才回想到「聲音」，記起直子曾經說過的話和話的內容。

閱讀的記憶也可以用這個方法保存，記得書本的「畫面」，或將內容經由情境式想像轉化成「畫面」記憶下來。

記得大範圍的畫面（書本的主旨、章節結構），然後是小範圍的畫面——我覺得是重點關鍵字。

如此一來，就能勾勒出整本書的大致面貌。

以《挪威的森林》這本回憶式的純愛小說為例，主角先回憶了「草原」、「直子」、「直子說過的話」，接著，「當時的宿舍」、「室友」，和其他人互動的情節就鮮明了起來。

這樣的閱讀記憶說不定在很多年後仍能派上用場呢！

回憶書名、主旨
1.memory
回憶大綱脈絡
2.memory
回憶印象深刻或重要關鍵字
3.memory
key
word
回憶閱讀的想像情境
4.memory

恢復閱讀記憶的線索

閱讀第 5 招

養成習慣

讀這一章可以瞭解……

什麼時候閱讀？

閱讀可以是沒有目的的旅行

閱讀一定要有用嗎？

為什麼要讀文學？

為什麼要讀哲學？

沒有閱讀的氛圍？

運動要有規律，閱讀也是！

如何擬定書單？

5-1 什麼時候閱讀？

隨身攜帶一本書

我的背包裡隨時都會放幾本書。

生活當中難免會有零碎的時間，像是等車、搭車，以及無所事事的時候，我會善用這些時間閱讀。

很多高中生也做得到這一點。例如在搭車的時候背英文單字，可是一旦成為大學生、出社會後，大家就不太會用零碎時間看書了。

很多人說，出社會上班非常忙碌，哪有時間讀書啊？

玩手機遊戲、傳 LINE 或上臉書的時間，就可以讀書啊。

就玩電腦遊戲或聊天軟體的經驗，不論遊戲累積分數多高，對於現實生活也沒有什麼意義，傳了許多訊息聊天，也不見得交到多少好朋友。

那麼，為什麼不利用玩手機遊戲的時間來閱讀呢？

所以，隨身攜帶一本書，把書放在包包裡，挪出一半玩手機遊戲或傳LINE的時間，就有讀書的時間啦！

當然，書放在背包裡稍微有點重量，可是手機的行動電源也不輕哩。如果真的嫌書本重，可以考慮買電子書，用智慧型手機從網路購買與下載電子書非常方便，好處是可以用一隻手拿手機、翻頁。

電子書的好處，我有一次非常深刻的體會。

那一次要去大陸開會，我實在捨不得在為期一週的會議中放下我已經訂好的讀書計畫，於是在行李裡塞了二十幾本書到機場……好重啊！

到了機場後，我卻只能含淚把其中十幾本書寄回家……

兩個月後又得去大陸，這次學聰明了，除了兩、三本紙本書外，就帶了ipad，並且在線上購買了一些電子書。輕鬆多了啊！

隨身攜帶書籍，善用零碎時間讀書，並不是高中生的專利，大學生、成年人都

生活上可以運用來讀書的時間（在空格裡填入自己可運用的時間）	搭車通勤的時間
	上網的時間
	看電視的時間
	聊天的時間

可以善用零碎的時間讀書，從生活娛樂中抽出一些時間閱讀，生活品質會更好，生活更開闊。

有些人認為，上班痛苦極了，壓力夠大了，只想發呆或玩手機、看電視放鬆，根本不想看書。

有的書也會讓你放鬆心情哦！

至少漫畫一定可以吧？可先從看漫畫書開始，然後進一步接觸方便閱讀的通俗小說、生活類書籍，那都很棒。

至少，隨身攜帶一本書，讓書成為我們的朋友，我們的生活會變得更優質。

5-2 閱讀可以是沒有目的的旅行

撇開目的性的閱讀習慣

一般我們閱讀是為了特定目的。

例如我有一陣子胖得不得了，為了減肥而買書，或是通勤讀書的高中生是為了拿到好成績。

但這樣的閱讀一點都不快樂。

我想許多臺灣人不喜歡讀書（或推說沒時間讀書），有很大的原因是從小到大的學校教育、家庭教育都指向為了獲得良好成績而強迫我們讀書，這樣有目的地讀書，讓我們覺得「閱讀＝痛苦」。

所以，我們根本不會自討苦吃去喜歡讀書。

我有一些在學校教書的朋友，其中有一部分中小學老師也會覺得自己沒時間閱讀，大專院校老師的閱讀量會稍微高一點，但他們也多半是為了寫論文、升等而保持閱讀習慣。

我們得沉重地承認，臺灣這個社會的教育體系內工作者也無法保持自主的閱讀習慣，更何況是學生呢？

想要讓自己多看一點書並且樂於閱讀，得撇開特定的「目的性」。就像玩手機遊戲，我們會想到趣味，覺得滿足。

閱讀也該是如此，我們得先覺得書本有趣，然後才會開始積極閱讀。

因此，一開始「毫無目的性」的閱讀就很重要。

也就是先隨便到圖書館或書店，憑著感覺挑選想要閱讀的書。這些書符合我們的喜好，有興趣所以會好好讀，然後觸及其他領域或更深入的書。

閱讀習慣就這樣養成了。甚至可以像隨手拿起手機玩遊戲或上網那樣，無意識地想隨時拿起書來讀。

就跟「沒有目的性的旅行」一樣，「沒有目的性的閱讀」是在書的世界裡流浪。

趁這自己對這世界的想法還沒有僵化，用流浪可以看到最廣闊的風景，見到年老時旅行無法見到的景色。

藉著「沒有目的性的閱讀」，去發現屬於自己閱讀的意義和價值，累積自己的生命小文明，這是非常棒的事！

5-3 閱讀一定要有用嗎？

沒有用處的閱讀其實也很有用

很多人可能會擔心：沒有目的的閱讀＝沒有用的閱讀。

莊子曾說過：「無用之用，是為大用。」日常生活中沒有用處的東西，也會有它能發揮的重大用處。

舉例來說，國中讀的地理、歷史課本的知識，在就業後很少能派得上用場。但地理讓我們學習到掌握空間與自然資源的能力，歷史課本則讓我們學到掌握歷史事件、時間思維的能力。

這些學科乍看之下沒有直接的用處，但我們在日常生活中能判讀都市街道圖、地域市場劃分，能解釋空間相關的報表，做時間性的邏輯思考，卻是從史地學科裡發展出來的。

培養閱讀的習慣，不論閱讀什麼樣的書籍都能訓練邏輯思考。

閱讀＝進行邏輯性思考

多閱讀＝多進行邏輯性思考

此外，不管閱讀什麼樣的書籍，都可以增進我們的表達能力。

例如閱讀小說裡對女主角房間的描述，我們從中得到一些訊息：原來作家是這樣子觀察、想像一個女孩子的房間啊！

如果是我，我會怎麼去觀察並描述自己的房間呢？

例如曹植在〈洛神賦〉中描寫洛神的美麗姿態：

其形也，翩若驚鴻，婉若遊龍。榮曜秋菊，華茂春松。彷彿兮若輕雲之蔽月，飄飄兮若流風之回雪。遠而望之，皎若太陽升朝霞。

他用了很多比喻來形容女子的美好，相信讀過之後就會知道，要讚美一個女孩子漂亮不只有「好漂亮！」或者「好正！」，還有其他更能貼切表達女性美好的字句。

不只閱讀文學作品可以增進表達能力，閱讀雜誌上財經記者用精確流暢的文字寫出產業現況、經濟預期，一樣可以增進工作上的文字敏銳度。

行文至此，大家應該可以理解，即使閱讀非實用性的書籍，長久的閱讀習慣會讓我們培養出三種能力：

1. **迅速理解文字和文章結構的能力**
2. **邏輯思考的能力**
3. **明確或優美的表達能力**

所以不管手邊是什麼書，有機會請拿起來閱讀，不斷增加自己這三項能力吧！

5-4 為什麼要讀文學？

把閱讀文學當休閒娛樂

文學不就是文人舞文弄墨，刻意用文字感嘆或歌詠愛情之類的東西嗎？

如果這麼說的話，有人應該會覺得這是刻板印象，就像我們不懂的學問一樣，反正不懂也可以活下去，不免就稍微起了輕視之心。

撇開那些刻板印象，我們為什麼要讀文學？

為什麼要把閱讀文學作品當作休閒娛樂或打發時間的嗜好？比起看電視或漫畫、打電動或聽音樂，閱讀文學的嗜好更值得培養嗎？

文學大抵上指新詩、散文、小說之類。文學教授會有更嚴謹的看法，不過就當「文學＝新詩、散文、小說」好了。

詩人寫一個句子、小說家寫一個故事應該都包含他們的

觀察 感受 想像 敘述

閱讀文學作品就是跟隨著作家一起「觀察、感受、想像、敘述」的過程，可以觀察作家如何用文字巧妙而精準地表達自己的意念，藉此獲得薰陶。

看電視、電影也是很好的休閒娛樂，就以《哈利波特》的電影和小說為例，看電影是由影片畫面帶我們進入奇幻情境，讀小說是由我們自己透過文字想像，更能刺激想像力。

能訓練觀察、感受、想像和語言能力的休閒活動，這不是很棒嗎？

5-5 為什麼要讀哲學？

哲學能解開人生的疑惑

以刻板印象來說，哲學很枯燥，沒有趣味。

我在讀碩士班時認識一個哲學系的朋友，說話不時把尼采、黑格爾掛在嘴邊，所說的話語彷彿都需要邏輯驗證，令人避之唯恐不及。

不過「哲學」對現在的我來說，是看待世界、思考生命的一門學問。不論中國或西方哲學都是。

我記得我高中時期經常會煩惱一些問題：人為什麼活著呢？為什麼要努力讀書？為什麼要像螞蟻那樣辛勞工作？人相對於宇宙來說真的好渺小！

說不定有人在失戀的時候也會自暴自棄地想：人為什麼活著？

直到我在大學中文系裡讀了中國哲學史，很多煩惱彷彿夏天打開冰箱的那種清爽感覺，煩躁不見了，鬱悶不見了。事實上的確如此。

哲學家花了一生思索出來的答案，我們只要閱讀哲學書籍就能知道，這不是很棒嗎？

西方哲學家擅長邏輯思考，理性看待人際關係和分析世界，可以讓我們學習到怎麼做才是對正確理性的方式。

中國哲學也曾給我啟發。我很年輕的時候喜歡寫作投稿，但經常被報章雜誌退稿，那時候我就想起孔子說過：「君子求諸己，小人求諸人。」這是「反求諸己」的典故。被退稿是因為寫得不夠好，只能要求自己更努力。

而且對戀愛也用得上哩！

不能只責怪對方不喜歡自己，應該先期許自己能夠成為值得對方愛慕的人。

不論中國或西方哲學，都可以稍微多讀一些，因為那些像貓頭鷹一樣努力不懈的哲學家早已為我們思考了關於這世界、關於人生的許多重要問題，也給了我們許多很棒的答案。

5-6 沒有閱讀的氛圍？

多營造接觸到書的機會

很久以前，老媽拖著年少的我去拜訪一個不常聯絡的長輩。

那位長輩的生活相當富裕，在液晶螢幕還沒普及的年代，家裡就有超大的液晶電視。

在那個豪華的大客廳裡，長輩聊起她年輕的奮鬥經歷，也聊起一起小孫子的教育問題，絮絮叨叨地跟我媽談起生活中的大小事。

我對於這些話題沒什麼興趣，於是往長輩客廳裡四處張望。

客廳旁邊有一間原木和室，和室的紙拉門半開，木地板上放著兩本兒童讀物，一份舊報紙。

除此之外，看不到任何一本書。

我頓時有點惋惜，老人家生活富裕，也積極想教育第三代，家裡竟然除了兒童讀物和報紙外沒有其他書籍。

也就是說這個三代同堂的大家庭裡，除了小孩以外沒有半個成人喜歡閱讀。

雖然鼓勵小孩讀書，也重視教育，自己卻沒有做好「身教」，營造有閱讀氛圍的環境，小孩怎麼可能會樂於讀書呢？

樂於閱讀的人，一定會營造隨手可拿到書的環境。這個環境一定可以培養出喜愛閱讀的人。

因此，不知道怎麼開始閱讀或不知道怎麼挑選書籍的人，請先讓自己到充滿書香的環境去。

例如每星期到書店裡逛逛，每星期把自己關在圖書館裡一個下午。承諾每次進書店都會買一本書，每次離開圖書館時都會借兩本書，每次出門的時候身上都帶著一本書。

讓自己待在書店和圖書館久一點，和書本多親近一點，就可以潛移默化，慢慢養成愛看書的習慣。

5-7 運動要有規律，閱讀也是！

規律閱讀令人感覺每天在進步

在我讀碩士班的時候，教授勉勵我們：「我好羨慕你們現在這個年紀，這個年紀是真正可以好好讀書的時候，可以一整天看書、研究學問……等你們上博士班之後得花時間兼課、備課，像我現在除了上課以外，還得寫論文、幫忙審論文，還有很多學校行政工作……所以你們現在千萬得好好讀書啊！」

正所謂「少壯不努力，老大徒傷悲」。一直等到讀博士班，我才帶著懊悔的心情，用登山背包不斷從學校圖書館背一大堆書回家讀。

在博士班期間，我減少了兼課，在拿到博士學位後的幾年，也幾乎沒有撰寫學術論文，只是一直讀書。每天早上一睜開眼睛，就先回憶昨天晚上讀了哪本書，讀完了沒有？然後在腦袋裡頭整理「預計要讀可是還沒有讀的書目」。

我決定用「西方哲學思想」和「現象學方法」來完成博士論文，因此我擬定一大串都是西方哲學書目的書單，除此之外，也蒐集國內相關領域哲學著作和發表過的學術論文來研讀。

有時讀到某個階段，因為書中內容讓我產生興趣或疑惑，又會臨時插入新的閱讀作業。

那段時期就過著這樣規律的閱讀生活，讓我明顯感覺到自己「真的有在讀書哦」、「思考方式正在改變」、「懂的東西好像變多了」、「可以稍微言之有物了」。

規律的閱讀習慣能讓人明確感受到有從「閱讀中進步」。就像運動一樣，假設只有心情好才去跑步，這樣的習慣也許對健康或跑步成績沒什麼幫助。

運動要求規律和持續，才能明顯感覺到身體和運動成績的變化。

閱讀也是如此，雖然不一定像學生時代有很多空閒時間可以讀書，但也可以盡量想辦法給自己建立規律的閱讀習慣。

例如，規定每天的某一段時間為「讀書時間」，然後在那段時間專心閱讀（可參考本書的「很想看書，但沒時間？」），我想這樣很快就能夠得到自己每天都在進步的充實感。

5-8 如何擬定書單？
閱讀的短期、中期和長期目標

每天空出時間來讀書，究竟可以讀什麼書呢？

擬定「讀書計畫」或「書單」可以讓人知道該讀什麼書，面對書店或圖書館龐大的圖書時不會因恐慌而不知所措。

網路上到處可以Google到名人的書單。例如大學者胡適、梁啟超都開過書單，我大學時代幾個老師也曾經開過「中文系學生必讀文學作品」。要讀完這些大學者開列書單上的書，除非你非常好學又有毅力，不然不容易達成。

其實沒必要完全依賴名家的書單，因為每個人的身分、人生目標都不一樣。

所謂「人生目標」就是「我想要變成什麼樣的人？」、「我想要過什麼樣的生活？」

立書單應該考量自己的身分和目標，思考什麼樣的書最適合自己，人生目標若還不確定，就盡量廣泛地閱讀、廣泛地思考，從閱讀中發現自己的興趣與志向，思考「生活目標」與「人生目標」。

舉例來說，我研究文學，想要繼續從事學術研究，所以我需要讀西方哲學、現象學、詮釋學、臺灣學者關於現象學方面的學術著作。

而且我喜歡閱讀小說，尤其是翻譯小說，例如很多人都讀不完的普魯斯特《追憶似水年華》，此外我也計畫陸續讀完《托爾斯泰全集》、《莎士比亞全集》。

我很喜歡俄國小說，希望能把著名的俄國小說都讀過一、兩次。

要讀完經典是非常龐大的計畫，因此只能當作「長期目標」慢慢實踐。

「中期計畫」是雷克．萊爾頓《波西傑克森全集》，以及最近又重新出版的《福爾摩斯全集》。雖然冊數都很多，但是類型小說比較容易消化，近一兩年內可以看完。

「近期計畫」則是在書店看到有趣的小說或本來就喜愛的小說家出的新書。或者是家中養了小狗，就買如何照顧小動物的書，對「調酒」有興趣，就買「調酒」的書來看。

以上這些是我的書單。你也可以依照自己的身分和生活目標擬定一份書單。不必完全依照名家或他人推薦的書目，設計出屬於自己的閱讀人生吧！

1. 依照職業身分的書單表格：

職業／身分	自己的需求	可以閱讀的書
學生	1.升學	
	2.戀愛的煩惱	
軟體工程師	1.提升專業的書	
	2.職場人際相處	
	3.人事管理	
家庭主婦	1.整理家務收納問題	
	2.編織毛線的花樣	
	3.照顧寵物	
	4.教育小孩	
你		

2. 依照人生目標的書單表格：

目標的時程	目標的條件	可以閱讀的書
■短期目標 □中期目標 □長期目標	朋友間談論的流行話題	
□短期目標 ■中期目標 □長期目標	自己的興趣	
□短期目標 □中期目標 ■長期目標	實用的 （可以幫助自己變得更好）	
□短期目標 □中期目標 □長期目標	（請自填）	

閱讀第 6 招

排除迷思

讀這一章可以瞭解……

一本書可以讀幾遍？

書有分好和壞？

我只想讀這本書

在哪裡接觸書籍？

什麼時候該買書？

什麼時候該借書？

需不需要組讀書會？

書本至上？

6-1 一本書可以讀幾遍？

好書可以多讀幾遍！

在網路小說的討論社群裡經常見到有人發標題為「書荒，求書單！」的文章，說明自己已經讀到沒書好讀了，希望網友能推薦幾部某些特定主題的小說。

這讓我非常疑惑。

大陸起點中文網站每天不曉得有幾百萬字在更新，而且書店、圖書館裡面也有好多好多書，怎麼可能鬧書荒、沒有書好讀？

不過我也能稍微理解「不知道要讀什麼書」的困境。

選書、買書確實不太容易，但現在出版書種這麼多，應該不到沒書好讀的地步。

就我閱讀網路小說、輕小說的經驗，這類小說簡單、輕巧，大概讀一、兩遍就沒那麼有趣了，接著就不知道該讀什麼。

讀好書可以避免這種情況。

古代儒家學者讀《論語》、《詩經》之類的書可以讀一輩子呢！

很多小說也值得一讀再讀。

《挪威的森林》的渡邊把費茲傑羅的《大亨小傳》讀了五遍！因此我也買了《大亨小傳》，同樣讀了五遍。

而《挪威的森林》我讀了四十二遍，赫拉巴爾的《我曾侍候過英國國王》讀了三十七遍，同樣赫拉巴爾的《過於喧囂的孤寂》讀了十五遍，J．K．羅琳的《哈利波特》第一集讀了九遍。

以上只是隨意舉例，還有更多書我都讀了三遍以上。我曾說過讀書就像看風景一樣，有些人每年夏天會去墾丁，為什麼要再去看同樣的風景呢？

因為每一次都會有相同或不盡相同的愉快心情。

讀好書也是一樣，每讀一遍都可能注意到之前沒注意到的句子或情節，有時甚至可以聯想出延伸的文字意涵。這是閱讀好書的樂趣。

選擇一本好書，重複讀它，就像反覆觀賞美麗的風景，書本的風景會讓我們更有智慧、生活得更圓融。

6-2 書有分好和壞？
別帶著偏見閱讀

在我年輕的時候，有一次在爺爺家的院子裡看書，家族中有位長輩很好奇，就把我手中的書拿起來翻了翻，然後用很肯定的語氣對我說，這書是過氣、徒有虛名的作家隨便寫的，這作家只會寫些無病呻吟、風花雪月，讀這種書一點用處也沒有。

幾年後，那位作家獲得了許多國家大獎，作品也翻譯成多國語言。顯然那位長輩的看法錯了。

在還沒完全理解一本書之前別想著「嘿，這個我懂了、那個我懂了……這些東西都很簡單、沒什麼價值」，或者「我根本不喜歡」。這種輕視、傲慢的看法，會讓我們忽略書本真正的價值。

每本出版的書籍都經過出版社編輯嚴格把關，他們考量到內容、社會價值、出版社品牌以及市場需求，願意花時間和成本印製一本書，那本書應該就有存在的價值。孔子說過：「雖小道，必有可觀者焉。」即使內容小又少，也一定有其可取之處。

輕易評斷說某本書沒有內容、對我沒幫助而不去讀，將會失去很多閱讀好書的機會。

閱讀就像吃東西一樣。

吃東西可以為身體補充養分。閱讀可以為靈魂補充營養，倘若在閱讀上偏食，自己的世界會變得狹隘許多。

期許自己不帶著偏見去看待世界或他人，也同樣期許自己不帶著偏見去讀一本書。

6-3 我只想讀這本書

世上還有更多好書、好作者

閱讀不應只偏好某位作者或某個類型與範圍的作品。

擴大自己的閱讀視野，選擇不同作者、不同類型的書，可以擴展視野，甚至發現新的閱讀興趣。

倘若你喜歡J．K．羅琳、雷克．萊爾頓或九把刀寫的某本書，拓展閱讀範圍的方式就是上網查他們寫過哪些書，以及網友對它們的評價。先從自己喜歡的作家下手，把他們的成名作、代表作、最新作品都讀過。

然後可以在書店或圖書館內找到喜愛作家的書，去瀏覽同書架上的同類型書籍，進而發現新的作者。

倘若你喜歡「福爾摩斯系列」，在同類型的書架上還可以發現「亞森羅蘋系列」、「偵探白羅系列」，還可以找到日本推理小說作家江戶川亂步、東野圭吾、石田衣良等人的作品。

我和網路暢銷小說家穹風（現在改名東燁）是朋友。他曾說：「我希望讀者讀了我的作品後能夠去讀更好的作品……像我們讀了村上春樹，會再去讀費茲傑羅一樣，即使我的讀者不再讀我的作品也沒關係。」

我非常佩服他這種胸懷氣度，他鼓勵讀者不斷選擇更好的作品來讀，也期許讀者不斷地進步。

我自己也非常喜歡村上春樹，我發現他受到費茲傑羅、杜斯妥也夫斯基、契訶夫、卡夫卡影響很深，所以去找了這些作家的作品來看，拓展了閱讀視野。

我對經濟學也很感興趣，但我是經濟的門外漢，所以我先讀《生活經濟學》、《三十歲前得懂得經濟學》、《日常生活中的經濟現象》之類的大眾經濟學書籍，有了些初步瞭解後，或許可以讀讀《經濟學史》，從歷史演進得知經濟學理論有「古典經濟學派」、「馬克斯主義」、「凱恩斯思想」、「新古典主義」等等，認識一些著名的經濟學家，再藉著這些知識去找更專業的書籍來讀。

我想，任何一個期許自己藉由「閱讀」變得更好的人都會一直閱讀，並且會去找更好的書來讀。

6-4 在哪裡接觸書籍？

圖書館、實體書店和網路書店

我們閱讀書籍的來源不外乎「圖書館、實體書店和網路書店」。

圖書館裡什麼書都有，是認識許多書的好地方，而且可以免費借閱。缺點就是新書進館的時間會比市面上慢，熱門書經常要預約排隊才能借到。

可是圖書館借來的書不能畫重點，還有還書期限，不方便長時間反覆閱讀。

因此我去圖書館借書，通常都是為了追求特定知識、廣泛的略讀、短期內沒有興趣讀三遍以上。有時讀了借來的書，發現對這本書非常有趣，就會去書店買下來再次閱讀。

「實體書店」和「網路書店」的特性恰好像「電視」和「網路」的差距。

我們會利用入口網站的搜尋引擎輸入關鍵字查詢，獲得的相關的資訊。但是看電視時只能在不同頻道間選擇電視臺準備好的節目，經常會不經意看到我們根本沒有想過的節目，例如「美國華盛頓州蛋糕師父精心製作的結婚蛋糕」、「熱帶雨林中的奇妙動物」、「紐約市的時髦女郎生活」等等新奇新鮮的內容。

逛實體書店的書架，就像看電視一樣能接受資訊刺激，在新書陳列架上會發現近期出版的新書、現在流行哪些類型的書。

網路的特性同樣表現在「網路書店」上，透過關鍵字可以讓我們找到相關書籍，明確的「分類排行榜」也能讓我們看到有哪些書受到大眾歡迎。

「網路書店」能讓我們迅速找到想要的目標及相關書單。

閱讀者該三管齊下，不該只偏重其中一個管道，否則將會錯失和其他好書相遇的機會。

項目	優點	缺點
圖書館	1. 免費 2. 書籍多 3. 利用圖書館網頁查找資料方便	1. 不能在書頁上畫重點 2. 有還書期限，不方便長時間反覆閱讀
實體書店	1. 直接看到書 2. 發現預期以外的書	1. 不方便在店內長時間閱讀 2. 受限書店空間和經營者的規劃，上架書籍數量有限
網路書店	利用關鍵字和銷售排行榜查找方便	不能直接看到書

6-5 什麼時候該買書？

我的三個買書策略

看到值得一讀再讀的好書或是有興趣的書，當然會想買下來。

然而有時候站在書店裡會有點茫然，我到底要買什麼書呢？買了什麼書才不會心痛後悔？

通常我們會先被「暢銷排行榜」吸引。

許多有學問的人會跟你說，「暢銷排行榜」中的書不一定是好書，可是我想說，「暢銷排行榜」中的書應該都是有趣的書啊！

接著可以留意新書平臺上的書，然後最好把整間書店逛一遍，就當作看看風景、增廣見識。

我逛書店買書的策略大概可以分為三種：

1. **有特定目的的書**（例如慢跑、旅遊、攝影、語言學習和健身）
2. **很有趣或受歡迎的書**（例如排行榜上的書、輕小說、翻譯小說）
3. **期許自己會好好讀，長遠上能增進內涵的書**（例如《查拉圖斯特拉如是說》、《存在與時間》、托爾斯泰全集之類的書）

買書的急迫性也是以第一類的書為優先，不過第二類的書較輕鬆有趣，購買的頻率也很高。然而，為了讓自己更有文化涵養、思慮更深，偶爾也得購買第三類的書。

有這三個方向，站在書店裡就不用擔心、焦慮自己是否會浪費錢買了自己不喜歡或不需要的書了。

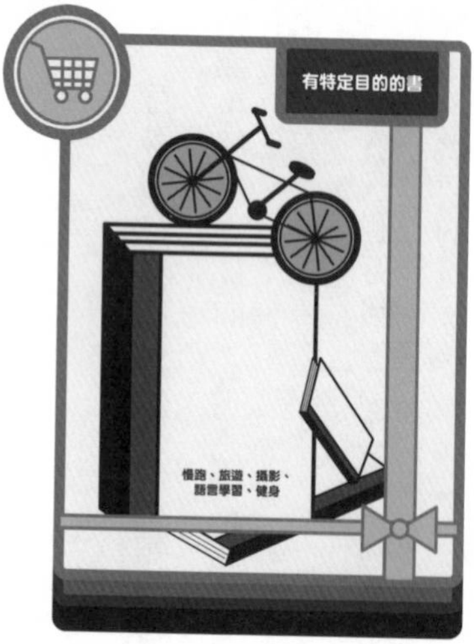
有特定目的的書
慢跑、旅遊、攝影、
語言學習、健身

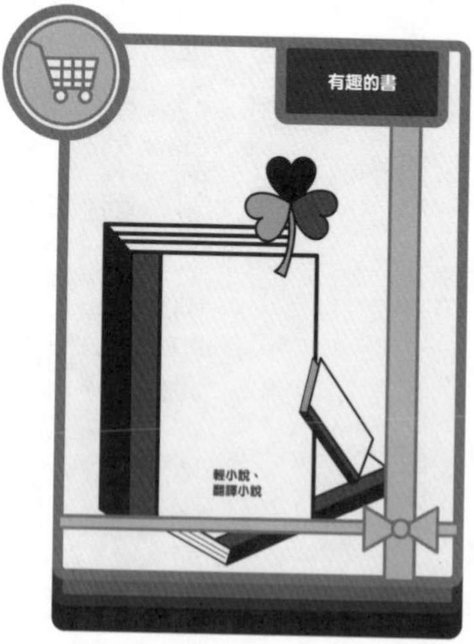
有趣的書
輕小說、
翻譯小說

期許自己會好好讀
增加自己內涵的書
尼采《查拉圖斯特拉如是說》、
海德格《存在與時間》、
托爾斯泰全集

6-6 什麼時候該借書？
良好的四個借書策略

說到借書，可以分成兩種情況：

1. 跟人借書

談到「借書」，自然會想到圖書館。

圖書館免費、檢索方便，而且書又多，大多數還提供冷氣，是非常好的借書地點。除此之外，我們也可以跟一般人借書。

在我學生時代有幾種向別人借書的情形。

第一種情形是向同學借漫畫書和武俠小說，因為漫畫書和武俠小說都是整套的，不管是買或者去租都不便宜。除非非常喜愛，不然不太可能買整套下來。我曾經斷斷續續跟同學借閱「島耕作系列」的漫畫和香港作家黃易的小說。

有人肯出借成套的書是再好不過。缺點是翻閱時要小心，可別弄髒別人的書，「有借有還」尤其最重要。

在我讀碩士班時，我的指導教授除了指引我讀書方向外，還大方借了我不少書。

向學識淵博的師長借書有好處，他的閱讀品味和見識一定比自己高，所以能借到不錯的書。但是跟師長借書也有壓力，得好好在時限內把書讀完，說不定還得對做心得報告！

當然，學識淵博的對象不只有師長。

孔子說交朋友的三個條件，其中之一是「友多聞」。我們可以多跟見識廣博的朋友借書，不但能借到好書，而且可以和他交流心得，增進情誼。

2. 借書給人

提到「借書給別人」就非常痛苦，因為我遇到太多次朋友借書不還。

孔子說：「不患人不知己，患不知人也。」借書也是如此，我不擔心別人不瞭解自己，而會擔心這個朋友到底值不值得信任，把寶貴的書借給他。

不太熟的朋友就別借給他。請對他微笑，嘿，你自己去買，這樣我們兩個就可以一起討論。

如果是很棒的朋友，我會非常樂意借書，朋友閱讀相同的書籍就會有共同的話題可聊，思想和感情上也會更加契合。

借書給「自己喜歡的對象」，說不定會是很棒的交往方式。

向別人借書或借書給別人並沒有壞處，還可以增加情誼和製造共同話題。只不過借書給別人會擔心對方不還書，跟別人借書會擔心弄髒書本，因此「良好的借書策略」可以歸納為四項：

1. 借給值得信賴或願意信賴的人
2. 愛惜書本
3. 只交流好書
4. 有借有還

6-7 需不需要組讀書會？

一個人讀還是和朋友討論？

有時候讀一本艱澀的書，想知道別人的看法。

有時候讀一本超有趣的書，很想跟別人分享。

《禮記．學記》說：「獨學而無友，則孤陋寡聞。」若能有志同道合的人共讀同一本書就太好了。

剛進大學的時候，班上有些同學非常熱衷讀書，在老師鼓勵下組成幾個小型讀書會，每週固定聚會，安排嚴格的讀書進度。

那時我也參加了兩個讀書會，好不容易依照規定讀完進度，但並不是每個同學都會好好把書讀完，有些人參加讀書會就等著「別人替自己讀書」，聽聽報告心得感想，就覺得自己也有收穫。

可是我大學一年級的那些讀書會，過沒幾個月就統統無限期休會了。造成休會有幾個原因：

1. 主持人訂下閱讀進度連自己也達不到。
2. 大家程度不一，對讀書的熱忱也不同，若規定每個人都要閱讀艱深的經典名著，有人就乾脆放棄了。
3. 讀書會變成聊天、吃飯的聯誼會。

如果每個成員的生活背景、閱讀能力和興趣有差異，就很難協調大家都滿意的書目和進度。

讀書會的「強制閱讀」有好處，這樣可以彼此督促閱讀進度，甚至一起讀些艱澀的經典，接觸到平日不會特別去關注的書，有助於增加閱讀的廣度。

讀博士班最後一年的時候，我的指導教授主持了讀書會，規定門下弟子都得參加。

那時在指導教授嚴格督促下，每週都得讀《中國古代詩論和文論》，好像跟上課沒兩樣。（因此加速了我想要趕快畢業的念頭。）

不過，確實執行有特定目的與進度的「讀書會」，一定會有收穫。

就我參加讀書會的經驗而言，可能兩、三個好朋友彼此不拘形式，共讀一本書的討論形式，會比嚴謹的讀書會來得可行。

我更覺得，讀書是個人的事，自己想讀什麼就讀什麼，這樣比較自由、比較開心。如果用一個正式的讀書會來規範，就會破壞閱讀的樂趣了。

不過，若是能有閱讀興趣非常契合的朋友，只要一個就好，那該會是多麼棒的事呢！

6-8 書本至上？

別怕弄髒自己的書本

很多人強調愛惜書本的重要，但我覺得如果是「自己的書」，可適度把書當成「消耗品」別愛惜過頭。

買書的重點是為了獲得「無形的知識」，而不是保有「有形的書本」呀！

我讀大一的時候，有個交情不錯的同學經常賴在他女友的宿舍，因為她是個愛讀書的人，所以有時我也會上門叨擾。

這位女同學的書架上有好多文藝的書籍，而且每一本書都包著透明書套，書架也擦得乾乾淨淨。她的藏書對於才剛升大一沒有多少閒錢買書的我，很羨慕她擁有許多現代小說、散文和各國翻譯文學書。

同學看我對於那些書一臉垂涎，他說：「想借嗎？不過我女朋友很愛惜書本，書本都用書套包起來，沒有畫過線，而且她看書前都會先洗手、擦乾，你如果把書借回去，得小心閱讀才行。」

聽了這些話後，我決定算了，因而沒有跟那女孩借過一本書。

如果太過愛惜書本，怕把書本弄髒，就不能開心地閱讀了！

我還認識一個朋友，因為非常愛惜書本，鮮少把自己購買的書籍帶出門去。即使非得攜帶愛書出門，除了包書套外，還把書本夾在寬大的筆記本當中，避免書籍不小心碰撞而產生折痕。

我習慣帶書本出門，其實也發現包著書套是保護書本的好方法——可是不論怎麼小心翼翼保護，書本總是會髒、會舊。

這幾年，我隨身的背包裡總放著兩本我非常喜愛的小說，雖然也有包書套，但大半年都放在背包裡，不時拿出來翻讀，因此書頁出現不少折痕和污痕，也因為我常閱讀的關係，書頁脫落了好幾次，每一次我都把脫頁用膠帶重新黏好。

如果說我是不夠愛惜書本的人——前文說過，孔子是非常認真讀書的人，讀到了「韋編三絕」，孔老夫子可是把書讀到連綁著竹簡的皮繩都斷了三次的人呀！

由孔子先生的讀書事例來看，讀書的重點是「有沒有把書讀進去」，而不是「愛惜書本」這回事哩！

因此，別怕弄髒自己的愛書而減少閱讀或攜帶書籍出門的機會。「愛書」最好的方法，是「閱讀它」而非是「保護它」！

但願我們都能成為很棒的「愛書人」，也是願意時時閱讀的人！

結語：下定決心讓自己更好

我在教授大學一年級新生課程的時候，都會鼓勵他們利用圖書館。我告訴他們學校的課程只是對大學生最基礎的要求，沒有辦法依據每個人量身訂做「直接有幫助的知識功課表」，不過圖書館卻可以是我們每一個人的世界級家教名師。

因為，書本是最方便獲得學問的方式。

不需要特定時間或地點，也無須特定身分，人人都能從書本裡獲得想要的知識。只要找對書本，所獲得的知識一定是對自己最直接、最有幫助的。還能夠依照自己吸收的情況來調整進度。

因為，只有自己最瞭解自己的人生需要什麼樣的知識。

書本也是最廉價的知識來源。只要到書店裡買一本書，或是到圖書館借一本書，就可以學習到書本上的知識！

比起各種學習的管道來說，「閱讀」這個管道廉價而且方便，可以隨時閱讀，可以自己決定想要吸收什麼知識，增加什麼見聞。

有些人覺得自己「已經不是學生了，沒有老師教」、「去社區大學或補習班的學費很貴」、「能夠進修學習的空閒時間不固定」，感覺現實生活中有各種妨礙我們學習的理由。

這時，如果能下定決心拿起書本，就會發現「閱讀是最方便、廉價也是最適合自己的進修學習方式」。

希望我們都能夠藉由培養閱讀習慣，讓自己變得更好、更聰明。

國家圖書館出版品預行編目資料

閱讀6招，讓你更聰明 / 楊寒著. -- 初版. -- 臺北市 : 商周出版 : 家庭傳媒城邦分公司發行, 2015.02
面； 公分
ISBN 978-986-272-649-5(平裝)

1.閱讀 2.讀書法

019.1　　103016545

閱讀6招，讓你更聰明

作　　者 / 楊寒
企劃選書 / 程鳳儀
責任編輯 / 余筱嵐

版　　權 / 林心紅、翁靜如
行銷業務 / 莊晏青、何學文
副總編輯 / 程鳳儀
總 經 理 / 彭之琬
發 行 人 / 何飛鵬
法律顧問 / 台英國際商務法律事務所 羅明通律師
出　　版 / 商周出版
台北市104民生東路二段141號9樓
電話：(02) 25007008　傳眞：(02)25007759
E-mail：bwp.service@cite.com.tw
Blog：http://bwp25007008.pixnet.net/blog
發　　行 / 英屬蓋曼群島商家庭傳媒股份有限公司 城邦分公司
台北市中山區民生東路二段141號2樓
書虫客服服務專線：02-25007718；25007719
服務時間：週一至週五上午09:30-12:00；下午13:30-17:00
24小時傳眞專線：02-25001990；25001991
劃撥帳號：19863813；戶名：書虫股份有限公司
讀者服務信箱：service@readingclub.com.tw
城邦讀書花園：www.cite.com.tw
香港發行所 / 城邦（香港）出版集團有限公司
香港灣仔駱克道193號東超商業中心1樓；E-mail：hkcite@biznetvigator.com
電話：(852) 25086231　傳眞：(852) 25789337
馬新發行所 / 城邦（馬新）出版集團 Cite (M) Sdn. Bhd.
41, Jalan Radin Anum, Bandar Baru Sri Petaling, 57000 Kuala Lumpur, Malaysia.
Tel: (603) 90578822　Fax: (603) 90576622　Email: cite@cite.com.my

封面設計 / 徐璽工作室
排　　版 / 極翔企業有限公司
印　　刷 / 韋懋印刷事業有限公司
總 經 銷 / 高見文化行銷股份有限公司　新北市樹林區佳園路二段70-1號
電話：(02)2668-9005　傳眞：(02)2668-9790　客服專線：0800-055-365

■2015年2月4日初版
■2022年8月12日初版2.6刷
定價250元

Printed in Taiwan

城邦讀書花園
www.cite.com.tw

商周出版

104　台北市民生東路二段141號2樓

英屬蓋曼群島商家庭傳媒股份有限公司城邦分公司　收

請沿虛線對摺，謝謝！

商周出版

書號：BH6008　書名：閱讀6招，讓你更聰明　編碼：

請於此處用膠水黏貼

商周出版

讀者回函卡

感謝您購買我們出版的書籍！請費心填寫此回函卡，我們將不定期寄上城邦集團最新的出版訊息。

不定期好禮相贈！
立即加入：商周出版
Facebook 粉絲團

姓名：＿＿＿＿＿＿＿＿＿＿＿＿＿＿＿＿＿＿ 性別：□男 □女

生日：西元＿＿＿＿＿＿年＿＿＿＿＿＿月＿＿＿＿＿＿日

地址：＿＿＿＿＿＿＿＿＿＿＿＿＿＿＿＿＿＿＿＿＿＿＿＿

聯絡電話：＿＿＿＿＿＿＿＿＿＿＿＿ 傳真：＿＿＿＿＿＿＿＿＿＿

E-mail ：

學歷：□ 1. 小學 □ 2. 國中 □ 3. 高中 □ 4. 大學 □ 5. 研究所以上

職業：□ 1. 學生 □ 2. 軍公教 □ 3. 服務 □ 4. 金融 □ 5. 製造 □ 6. 資訊

□ 7. 傳播 □ 8. 自由業 □ 9. 農漁牧 □ 10. 家管 □ 11. 退休

□ 12. 其他＿＿＿＿＿＿＿＿＿＿＿＿＿＿＿＿＿＿＿＿

您從何種方式得知本書消息？

□ 1. 書店 □ 2. 網路 □ 3. 報紙 □ 4. 雜誌 □ 5. 廣播 □ 6. 電視

□ 7. 親友推薦 □ 8. 其他＿＿＿＿＿＿＿＿＿＿＿＿＿＿

您通常以何種方式購書？

□ 1. 書店 □ 2. 網路 □ 3. 傳真訂購 □ 4. 郵局劃撥 □ 5. 其他＿＿＿＿

您喜歡閱讀那些類別的書籍？

□ 1. 財經商業 □ 2. 自然科學 □ 3. 歷史 □ 4. 法律 □ 5. 文學

□ 6. 休閒旅遊 □ 7. 小說 □ 8. 人物傳記 □ 9. 生活、勵志 □ 10. 其他

對我們的建議：＿＿＿＿＿＿＿＿＿＿＿＿＿＿＿＿＿＿＿＿＿＿＿＿

＿＿＿＿＿＿＿＿＿＿＿＿＿＿＿＿＿＿＿＿＿＿＿＿

＿＿＿＿＿＿＿＿＿＿＿＿＿＿＿＿＿＿＿＿＿＿＿＿

請於此處用膠水黏貼